沒有甜橘子，那就來顆酸檸檬加糖吧

張笑恆＿＿＿＿編著

前言

如果人生惡狠狠地朝你丟檸檬，就加糖把它變成甜檸檬水吧！

你喜歡什麼樣的滋味？酸的？還是甜的？我想多數的人喜歡甜味勝過酸澀，人生亦是如此。不是每一個人的生活，都能事事如意，樣樣順心，如同又大又甜的橘子般，但我們可以為自己的生活「調味」。

當我們的人生遇到太多事時，開始消沉、頹喪、低落，覺得人生是苦的，沒什麼值得眷戀，感覺生出來就是受罪的，這樣的人生，就像是一杯苦水，每天都得啜飲，覺得那些味道，都是我們的淚水。

其實，這杯水的味道，可以由我們調味。當它太酸、太苦、太澀時，適時的為它加點其他味道，可以有不同的滋味。

味道如果嘗起來像檸檬偏酸，就為它加點蜂蜜吧！你會發現，你的人生體驗更加豐富，層次也更提高。如果像抹茶，覺得它太苦澀，就為它加一些牛奶，嚐起來會更濃郁。

當我們一味的嫌棄手上的那杯飲料的味道時，已經來不及更換，那何不讓它成為一杯與眾不同，屬於你自己的特調呢？

多年以後，再跟其他人聊起來時，會發現這杯屬於你的特調，原來是這麼精彩？

當遇到挫折、苦楚時，一味的怪這杯飲料有多難喝，其實都是沒有用的，就像我們的人生難免遇到挫折，難免有處於不公的際遇，不管我們如何的抱怨我們的出身或是命運都沒有用，抱怨並不能改變什麼？金湯匙永遠是別人的，可當我們轉念，就會發現，原來人生的滋味可以不一樣。

沉浸於失去，或是原本就不屬於自己的幸福，一直怨天尤人、自暴自棄，只會讓原本就已經複雜的生活雪上加霜，讓已經理不清的生活更加雜亂。你，才是讓你的人生越來越苦澀的關鍵。

同樣在艱苦環境中出來的人，有人卻可以過得與眾不同，像島田洋七的佐賀阿嬤，金錢雖然匱乏，但她為她的人生加入了許多的美妙滋味，讓人感到驚奇！原來人生可以有這麼多種不同的滋味，因為選擇了面對，進而去改變，那些挫折、困厄，都變得不再那麼重要。

不可否認，這些不如意的事情仍然存在，煩人的事也不少，但我們的心態就像後來加入的調味，改變了這杯飲料原本的狀態，人生的高度也因而不同。

你會發現，透過這些改變，你的人生比他人更珍貴，因為它是你的經驗，只有你能體會，你做了什麼樣的改變，將可能紊亂的人生變得值得學習，這些都是其他人所望塵莫及的。

只要你擁有改變的決心，放寬心態，就能讓你手中的滋味，成為自己獨一無二的特調。用你自己的方式，去改變人生當中那些的不順遂，擺正心態，坦然面對，你便能暢飲這一杯名為「人生」的飲料。

生活中，誰沒有煩惱？怨天尤人，沉浸在痛苦中，只會讓自己在煩惱的牛角尖裡越鑽越深，更不快樂了。所以，不自尋煩惱，換個想法看問題，我們就能擁抱好心情。

在快節奏的都市裡，你還在像螞蟻一樣忙忙碌碌嗎？慢慢走，別忘了欣賞生活的美好風景。幸福不僅僅在你登上成功之巔的那一刻，更多的是散播在路途中的點點滴滴。

放下欲望，放下受害者心態，放下失去的，放下別人的看法，放下雞毛蒜皮，放下執著和苛求……我們就能遠離煩惱，拋開痛苦，重新獲得內心的靜默歡喜。

目錄

CHAPTER 03

擺脫受害者心態，坦然面對不公正的境遇

CHAPTER 04

你有更值得關注的事情，何況失去的只是一部分

CHAPTER 05

太在意別人的看法，你會活得很累

CHAPTER
06

不再和雞毛蒜皮糾纏，騰出時間感受快樂

CHAPTER 07

弱水三千只取一瓢，有時要為一棵樹放棄一片森林

CHAPTER 08

放手成全幸福

CHAPTER 09

從煩惱的死胡同中走出，擁抱好心情

CHAPTER 10

放下執著和苛求，沒事別和自己較勁兒

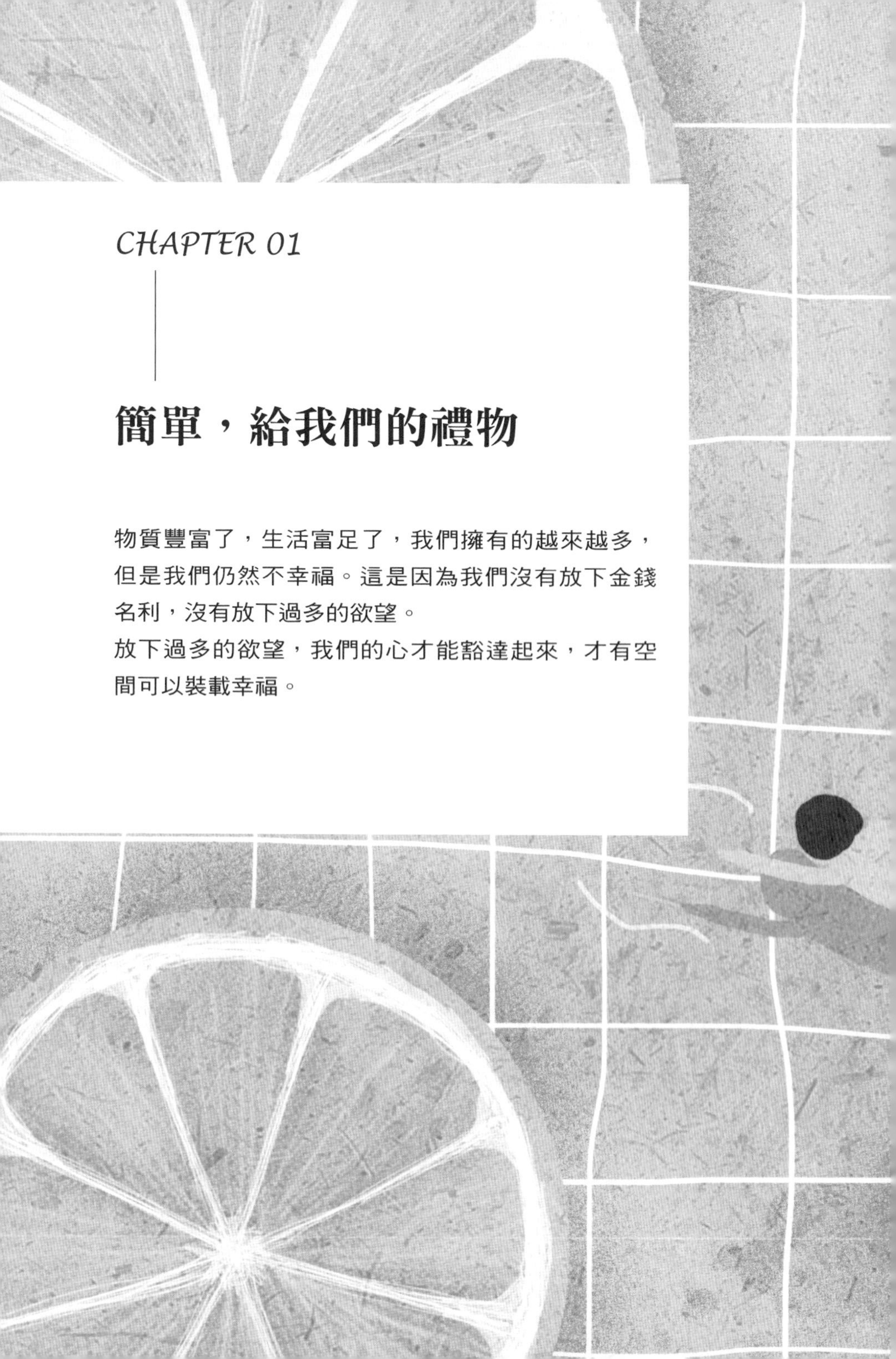

CHAPTER 01

簡單，給我們的禮物

物質豐富了，生活富足了，我們擁有的越來越多，但是我們仍然不幸福。這是因為我們沒有放下金錢名利，沒有放下過多的欲望。

放下過多的欲望，我們的心才能豁達起來，才有空間可以裝載幸福。

人生最重要的關係，是你與自己的關係

你喜歡自己嗎？你喜歡和自己相處嗎？你覺得自己有價值嗎？你會不會很常批評自己？你是不是很愛比較？看到別人成功過得美好時，會不會批評對方？你是否覺得自己不夠好、不如人、不會有人真正喜歡你？

近些年，自殺現象屢見不鮮。擁有高學歷的博士後、擁有無數金錢的富商、名利雙收的明星，紛紛選擇以自殺來結束自己的生命。這讓我們不得不思考一個問題：「他們有錢有名，為什麼會自殺？」

喜愛韓劇的人，沒有不知道韓國「戲劇女王」崔真實的。二〇〇八年十月一日下午，在韓國首爾江南區一攝影棚內，演員崔真實正在為某製藥公司的維生素產品拍攝平面廣告。她身穿白色上衣和米色裙子，一臉燦爛的微笑。誰也想不到她會在幾個小時後選擇自殺。

一九八八年，崔真實首次出演電視劇《朝鮮王朝五百年》一舉成名，有「國民天后」之稱。但是在二〇〇八年被捲入「導致安在煥死亡的二十五億韓元高利貸」的惡性謠言之後，崔真實不斷受到涉嫌散布關於高利貸的嫌疑人電話騷擾。警方稱，崔真實因為承受的壓力太大，狀況一直不好，使其喪失了活下去的勇氣，最終選擇於十月二日凌晨自殺身亡。

我們常常羨慕明星、富商光鮮亮麗的生活，卻不知道他們雖然擁有得比我們多，卻未必比我們幸福。據報導，這些社會精英和明星離世之前，他們都有輕微的憂鬱症，沮喪、苦惱、睡不著覺，自我調節能力差。面對巨大壓力，他們對生活失去了信心，也失去了活下去的勇氣，於是走上了自殺的不歸路。

為什麼我們擁有的越多，反而越不幸福？心理學家說：「幸福感是一種長久的、內在的、堅定的心理狀態，並非短暫的情緒體驗。」其實，幸福並不是手裡抓住的越多越快樂。賺錢時的快樂、花錢時的痛快都不是幸福。幸福很大程度上取決於我們的身體健康程度、工作穩定狀況、婚姻狀況以及人際關係是否和諧等。此外，這與個人對生活的認識也有很大關係。一旦人追求的不是如何幸福，而是怎麼比別人幸福時，幸福就離你遠去了。

看看我們的生活，我們把主要精力都投入到各種各樣的競爭中，比職位、比房子、比財富……比來比去，我們的心裡只剩下欲望，只剩下比不過別人時的不幸了。

我們越來越渴望得到，害怕失去。於是沒有人願意付出和奉獻，斤斤計較的人越來越多。如果大家總是算計著「做這件事值不值得」、「我能從中得到什麼」，就會生活得很累，哪還有時間去想幸福？當遭遇人生的挫折和失敗，面對房貸、子女養育、家庭生活負擔、工作升遷和人際關係緊張等問題，我們會變得更加焦躁易怒、煩惱不堪。

極簡主義者約書亞・菲爾茲・密爾本（Joshua Fields Millburn）和萊恩・尼克迪穆（Ryan Nicodemus）說：「大家都弄顛倒了。不是先找到人生的意義，然後生活才變簡單。而是先讓生活變簡單，讓擁有的東西變少，我們才能發現人生的意義。」在這個快節奏生活的社會裡，很多人不知道人生的目標與追求到底是什麼，甚至不知道自己究竟想要什麼。當別人問起時，大多數人都會回答：「賺大錢。」這種缺乏信念與理想的人生，當然難以產生長久、快樂的幸福感。

其實，幸福和金錢、財富、名望都沒有必然聯繫。那些只是可以讓我們幸福的一些條件，但不是絕對的條件。沒有這些，我們依然可以幸福。

當獲得財富、名利的欲望超過了尋找生命意義的時候，我們還有什麼心情去享受生活，還有多少時間去發現和感受幸福？「我們無法用物品來填補空虛，物品只會摧毀生活，讓我們在物質的汪洋中，孤單飄流。」我們是為了追求幸福才努力向成功邁進的，而不是為了獲得財富和名利。

為什麼有些成功者不覺得幸福

我們往往用傳統的視角衡量自己和他人的生活，過度宣揚財富和名利就是幸福的標準。大部分人認為有名有利就等於快樂。可是事實上，這個說法是很不真實的。很多成功者在富有之後更加緊張、焦慮、沮喪。

有些人事業有成，擁有龐大家產，卻一點也不快樂，反而經常感到緊張焦慮，甚至失眠憂鬱。現代生活中，這樣的人越來越多。他們光鮮的背後承載的為什麼不是幸福？

為什麼很多成功人士都不覺得幸福？因為他們被「幸福的假象」所迷惑，無法找到幸福的真義。有調查顯示，很多成功者認為自己的生活沒有幸福感。他們往往工作繁重勞累，沒有時間和親人相處，生活空虛，不知道人生的意義和生命的價值。

小周幼時是個無憂無慮的孩子，覺得生活很幸福，但自從上小學，他覺得自己的幸福慢慢不見了。

父母和老師經常說，上學的目的就是取得好成績，這樣長大才能找到好工作。由於害怕考試考不好，擔心作文寫錯字，小周背負著極大的焦慮和壓力。他所盼望的只有下課、放學和假期，因為只有那時他才不需要為學校的事情煩惱，痛痛快快地玩。

後來，小周逐漸接受成功就能獲得幸福的價值觀。雖然他不喜歡學校，但他還是努力學習，取得好成績。當他成績優秀時，父母和老師都會誇獎他，被灌輸了同樣觀念的同學們也非常羨慕他。升入高中時，小周已經深信不疑：犧牲現在是為了換取未來的幸福。頭銜和榮耀的力量推動著他。當壓力大到無法忍受時，他開始安慰自己說：「上大學之後一切都會變好的。」

收到大學錄取通知書的喜悅，讓小周激動落淚。他鄭重地告訴自己，他終於可以開心地生活了。但事與願違，沒過幾天，那熟悉的焦慮捲土重來。他擔心不能比同學優秀，擔心如果無法擊敗他們，將來就找不到理想的工作。

大學四年裡，小周努力為自己未來的履歷增添光彩：參加學生社團，做義工以及參加多種運動項目。他為了獲得更好的成績，選修完全不是出於興趣的課程。雖然他有時候也會快樂，但很短暫，不久焦慮又如影隨形。

畢業後，小周很快被一家著名的公司錄用。他想，終於可以開始享受生活了。不過他很快發現，這份每週需要工作八十四小時的高薪工作讓人充滿壓力。他說服自己，現在小小的犧牲沒關係，必須努力工作，這樣職位才會更穩固，也能更快晉升。但是加薪、獎金或升職這些滿足感同樣很快就消退了。

多年努力之後，公司邀請他成為合夥人。他依稀記得當初曾認為如果有一天可以成為合夥人的話，一定會非常幸福。可是當這一天真的來臨，他並沒有感到絲毫的快樂。成為一個知名公司合夥人的小周，開著名牌跑車，銀行的存款一輩子都用不完，但是他仍然沒有感受到幸福。

最諷刺的是，小周被身邊所有人認定為成功的典型。朋友們把他當作偶像，教育小孩都會以小周為榜樣。但是小周為這些孩子們感到悲哀，但又不知道如何才能改變。他甚至不知道如何教育自己的孩子。難道告訴他們，在學校不用努力，不用上好大學，不需要找好的工作？到底是不是想成功就必須失去幸福呢？

很多人都相信這樣一個口號：只要成功，我就會得到幸福。然而，矛盾的是，當他們達到自己的目標，成為成功人士之後，才發現原本所期待的結果——幸福在成功彼岸根本就不存在。於是，金錢、地位、名譽可以帶來幸福的這個幻想破滅了。很多人掉進了茫然的深淵。

很多成功者在達到目標之後，卻發現自己所得到的並不會讓自己快樂。於是他們無法從自己的負面情緒中解脫出來，甚至會充滿絕望。因此，他們不會比我們更幸福，因為他們失去了幸福的指望，失去了感知幸福的能力。

英國哲學家大衛・休姆（David Hume）曾說過：「人類刻苦勤勉的終點就是獲得幸福，因此才有了藝術創作、科學發明、法律制定，以及社會的變革。」可見，財富、地位、名望與其他目標都不能和幸福相比。無論是在物質上還是地位上的追求，其最終都是追求幸福的手段。

幸福的人不一定要當億萬富翁或者總統，因為幸福從來就不是奢侈品，它不是用物質來衡量的。說白了，幸福是一種感受，是一種心理感受。所以，擁有財富地位的人並不一定幸福，就像房子的價值可以用錢的數量來衡量，但是，我們對親友的愛卻不能量化的。尋找生命的意義，追求幸福才是我們的終極目標，這並不是獲得財富名利就可以達到的；反而大多數時候，得到的越多，離幸福就越遠。

金錢和幸福的關係「幸福遞減率」

試問，有錢，我們就真的幸福了嗎？答案是否定的！沒錢的人都不幸福嗎？答案同樣是否定的。所以，幸福與金錢，只是一種間接的關係，並非必然的聯繫。

很多人都說：「沒有錢就不要談什麼幸福！」他們認為金錢和幸福成正比，沒有錢就根本沒有幸福可言。其實，要想幸福，固然離不開物質的基礎，但物質卻不能完全決定幸福，不能主宰幸福！

西方學者曾做過一個實驗，假設人們對幸福的滿意度為一條縱軸，而金錢收入為一條橫軸，兩軸相交的起點為零。當人的身上一分錢都沒有的時候，幸福的滿意度確實很低，幾乎為零。一旦人們解決了食不裹腹、衣不蔽體的困境，只見坐標軸上的那條曲線「嗖」地躥了上去，但很快又成為一條水平線，任憑橫軸上的金錢收入增至百萬、千萬、億萬……而縱軸上的幸福滿意度卻不會再上升。這就是著名的金錢邊際效應遞減，即幸福遞減率。研究充分說明，在物質生活達到一定水準後，幸福與金錢的多寡無關。也就是說，當解決了生存問題之後，人們的幸福感就只在於精神上的滿足。

我們常說：「金錢不是萬能的，但沒有錢是萬萬不能的。」有了錢，不必再為了討生活而起早貪黑，就不需要看別人的臉色行事；有了錢，不僅可以好好地吃喝玩樂，更可以做很多別人做不到的事。但是，我們應該清楚，幸福與金錢並非完全掛鉤。金錢是金錢，而幸福就是幸福，它們不可能成比例，既不可能成正比，也無法成反比。

比利・鮑勃・哈勒爾曾是美國德州一家建材市場的裝卸工。四十七歲那年，他贏得了獎金高達三千一百萬美元的彩票頭獎。兩年內，哈勒爾擁有了七處房產和五輛嶄新汽車。但是兩年後，哈勒爾把自己關在他漂亮的豪宅浴室裡，脫去襯衫，用霰彈槍向自己的心臟開了一槍，當場身亡。

原來，像大部分中獎者一樣，哈勒爾中獎後的幸福感也只持續三個月。此後，他的幸福感和「幸福設定點」重新回到中獎前的水準。這使他變得日漸消沉。所以，心理學家一致認為，富裕和生活品質的提高並不會必然使人對生活更滿意，關鍵還是我們的精神。積極的人生態度、樂觀、寬容都會使我們變得更加幸福。

知名行為金融專家、投資分析師詹姆斯・蒙蒂爾（James Montier）曾在一份備忘錄中談道：「太多人對金錢的重要性估計過高。也就是說，他們把金錢對幸福的影響估計過高。」所以，不要把金錢等同於幸福。實際上，金錢和幸福無關，我們大部分人在經濟方面都比我們的父輩或祖父輩好得多，可是幸福水準並沒有按比例提高。

正如澳大利亞幸福學會的創始人蒂莫西・夏普說的：「財富的增加絕對不會保證你的幸福也會增加。一年掙三萬元（澳幣，約新台幣六十三萬）的人和一年有三十萬元（約新台幣六百三十萬）收入的人相比，在幸福感上的差別非常小。不過許多人對此並不了解。」重要的是，幸福和金錢沒有必然關係。近百分之九十的幸福來自諸如健康、生活態度、自我控制以及人際關係等等。

金錢和幸福並不排斥，但也不能畫等號。錢多錢少，都可以幸福，關鍵看你的精神內涵和生活態度。其實，一個人幸不幸福，是自己感覺的，跟掙多少錢沒有直接關係。你覺得幸福，再辛苦都是幸福，你覺得自己不幸福，再多的物質也不能滿足。

「更多的物質=更多的幸福」，這是一個迷思。幸福是一種精神的愉悅，而不是物質的滿足。所以，擺脫不幸福的困境在於我們的精神。唯有心懷感激、寬容大度和樂觀的人才能感受到生活中的舒適、滿足和幸福。

物質的貧窮不可怕，可怕的是精神上的貧窮

物質上富有的人，如果心靈如沙漠般貧瘠、荒涼，那麼他們雖然過著富裕的日子，卻已經失去了感知幸福的能力。

一個人如果物質上貧窮，那並不可怕，因為物質上的貧窮可以透過勤勞奮鬥來改變；可怕的是精神上的貧窮，因為精神上一旦貧窮了，被空虛、無聊、悲觀等情緒控制，往往讓人自甘墮落，從此走上不歸路。所以，儘管我們擁有的越來越多，但是充實我們的內心，豐富我們的精神生活仍然是非常重要的，也是我們能否獲得幸福的關鍵。

熱愛泡在酒吧的馮先生是一家外商公司的主管。平時工作的忙碌讓馮先生總感覺自己沒有足夠的休閒時間，更缺乏充足的睡眠。他覺得自己就像一部機器，每天周而復始地運轉。如此忙碌的生活，並沒有讓馮先生感覺生活充實，反而感覺內心世界十分空虛：上班等下班；下班後，單身狀態的他又不知自己到底該做些什麼。

馮先生曾經試圖透過網路遊戲擺脫精神空虛的現狀，每天下班回家就打開電腦玩網路遊戲。而網路虛擬世界彷彿讓馮先生重新找到了某種精神寄託。「在遊戲裡面我彷彿建立了自己的另一個人生。雖然一切都是虛幻的，可我卻在半夢半醒之中認真對待著遊戲裡面的每一件事物。累了我還可以經由視頻聊天工具肆無忌憚地向素不相識的遊戲玩家透露心聲。」

到後來，在工作時間玩網路遊戲影響了馮先生的工作效率，甚至造成工作失誤。於是馮先生戒掉網路遊戲。

可是精神上的空虛和無聊仍然困擾著馮先生。「我需要陽光，我需要飛翔。精神嚴重空虛讓我感覺做什麼都沒勁，缺乏向上的動力。」

於是，夜晚到酒吧成為馮先生釋放工作壓力和掩蓋精神空虛的主要方式。「現在幾乎每個週末，我都和一群朋友到酒吧喝酒。喝到興致高昂的時候，大家就手牽手站在吧台或酒吧走廊邊閉著眼睛跳舞。或許在旁人眼中，像我這樣的有錢有房的人可以經常到酒吧消遣一定很不錯，其實我的內心無比空虛。」馮先生說，他十分渴望找到擺脫目前精神空虛無聊狀態的方法。

人活在這個世上的終極目標是獲得幸福。物質上的富有可以為我們追求幸福提供一定的條件，所以我們的人生不能排除對物質生活的正常追求。但是物質上已經十分富足的情況下，就更應當抓緊時間豐富我們的內心，充實我們的靈魂，提升我們的品味。

退一步說，即使我們的物質生活並不充裕，那也應當下功夫解決精神不富有的問題。因為一個人如果沒有精神追求，沒有豐富的內心，那他就難以感受幸福快樂。

古人常說：「飽暖思淫欲。」在這個物質豐富的時代，我們擁有的很多，但是如果沒有豐富的精神生活和高尚的精神追求，哪怕是億萬富翁，也鮮有幸福快樂可言，甚至還可能走向不歸路。所以，從現在開始，充實我們的精神生活，讓自己從貧瘠、荒涼的沙漠裡走出來，享受生活和感知幸福吧！

趙蝶是每天出入於高級辦公大樓的一名ＯＬ，拿著不菲的薪水，卻在繁忙的工作之餘，陷入極度的空虛。

於是，趙蝶開始在業餘時間讀書，希望尋求戰勝喧嘩與躁動都市的能量，充實浮華背後都市人的空虛靈魂。漸漸地，趙蝶從書中發現並找回了自身的價值，一種讓心靈回歸平靜的安慰。古今中外名著、百科知識大全、生活勵志、原創詩文等都豐富著趙蝶的內在，讓趙蝶的生活更加充實。

現在，閱讀對趙蝶來說是一種享受。當趙蝶從浩瀚的知識海洋裡汲取思想養分時，趙蝶的人生也得到了正確的指引。閱讀不僅舒緩了趙蝶的工作壓力，更陶冶了趙蝶的性情，開闊了她的視野，讓趙蝶學會從不同的角度看待生活。

偶然的一次，趙蝶接觸到戶外運動。到郊外旅遊，呼吸遠離城市鋼筋混凝土的清新空氣，讓趙蝶的心靈得到了自由的活力。趙蝶跟隨其他愛好者遊歷各地。趙蝶說：「我參加戶外運動不僅可以強健身體，還可以開闊思想。加上每天的閱讀，我越來越覺得生活充滿樂趣，也感覺到十分快樂。」

為什麼現代人生活富裕卻失去了歸屬感呢？因為我們的精神貧窮了。為了短暫的物欲和眼前的名利，喪失了自己對幸福的追求，甚至失去了人格，那只會葬送自己一生的幸福和快樂。

所以，不管我們何時、何地、何種狀況，都不能忽視了精神上的追求。當精神上真正富有了，我們被生活所累的靈魂將得到解脫，空虛的心靈也會得到充實，就會以一種更積極、充滿熱情的態度去面對我們的生活。

幸福不在於擁有多少金錢，而在於如何運用金錢

幸福從未標價，也不可能標價。有時候，一分錢也可以帶來幸福。所以說，幸福並不在於我們擁有多少金錢，而是在於我們怎麼把它花掉。如果是有意義地花費我們的金錢，那麼我們就能從中感受到幸福，品嘗到快樂的滋味。

「如果有了錢，我就會感到幸福」，這完全是不幸福的人為自己的不快樂找的藉口。金錢多少和幸福並沒有直接關係，錢多錢少都可以幸福，關鍵是我們怎麼看待這個問題。

其實，金錢的神奇魔力在於它可以實現我們的物質願望，但是物質願望並不等於幸福。

約翰・格拉漢姆・布魯克斯博士在美國教育家納撒尼爾・C・小福勒（**Nathaniel C.Fowler, Jr.**）的班上曾講過這樣一個故事。

美國加州的一家工廠裡，同一張板凳上工作的兩個人，所獲的機遇大抵相同，所獲的工資也相差無幾。他們住在相同的街區，都有妻子兒女。

一天下班後，第一個職員在酒吧的門前停下，買了幾杯酒喝。第二個職員在經過商店櫥窗的時候，被一幅畫吸引了。他走進商店，發現畫的價格也不高，總之不比買酒的價格高。這位職員買下了這幅畫。

稍後，約翰・格拉漢姆・布魯克斯博士分析了金錢和購買幸福之間的聯繫：第一個職員所花的金錢購買了酒，這不僅對他毫無益處，反而對身體造成傷害，甚至還可能不利於家庭。

第二位職員的消費則有長久的價值和幸福。因為這幅畫可以讓他家的整個客廳為之一亮，讓他的家變得更溫馨。不僅如此，售予他畫的經營者將用另一幅來替代原來的那一幅，這實際上是有益於藝術傳播的。

第二個職員從中所獲得的幸福感遠遠大於第一個人，甚至對於整個家庭和整個社會而言，他也做出了自己的貢獻，讓更多人也獲得快樂。

納撒尼爾・C・小福勒說過：「金錢本身沒有善惡之分，對金錢的使用才會產生好的結果或難以估量的罪惡。如果使用金錢的是道德高尚之人，金錢則可以為自己與社區服務。你花的每一分錢都可以為善，亦可為惡；可以讓你變得更好，也有可能更壞；可能有益於你或別人，也有可能對你或別人造成傷害。」

怎麼樣才算是把我們辛勤掙來的每一分錢都花得有價值、有意義呢？那就是把每一分錢都用來交換幸福，用來提升自己的精神核心，用來幫助別人。

美國《女性健康》雜誌曾介紹用金錢獲得長期幸福感的方法，比如把錢花在旅行、閱讀上，花在健身上，花在幫助別人上。其實，幸福並不難達到。只要找對方向，即便是一塊錢，我們也能從中得到幸福。

《更幸福一點》一書的作者泰勒・本-沙哈爾博士說過：「比慷慨更能帶給我們幸福感的事情並不多。」加拿大溫哥華的心理學家曾做過一個實驗證實了這一觀點。實驗室給每一個人發二十美元，並將這些人分成兩組，要求第一組將錢花在自己身上，第二組將錢捐給其他人或者花在別人身上。結果，一天之後，那些把錢給別人的同學感到自己更幸福。所以，要想讓我們的每一塊錢都有幸福的味道，不如把它們用於幫助別人。

汶川大地震的時候，企業家陳游標放下手頭業務，帶著六十台大型機械，第一時間直奔四川災區，成為第一支抵川的民間機械化救災隊伍。

陳游標冒著餘震危險，幫助救援人員打開了通往北川、汶川和映秀的道路，並整理出映秀鎮的停機坪，讓大部隊得以進入災區。他還幫助清理樓板、廢墟，救出被埋群眾一百三十餘人，掩埋遇難者屍體近萬具。部分機械還參加了唐家山堰塞湖導流明渠的開挖。他向災區捐款捐物更是累計過億元，受到了國務院總理溫家寶的高度評價，稱讚他是有良知、有感情，佛系災區的企業家。網路上更有評論稱他是「一個感動了中國的人」。

陳游標所做的第一件善事是在剛開始創業時，有一年他賺了幾萬元，從報紙上看到一個孩子沒錢治病，就拿出一半捐給這個孩子。

陳游標說：「幫助別人讓我非常快樂。有很多人過得不幸福，不快樂。我想告訴這些人，你去幫助別人，你一定會體會到很快樂、很幸福。我經常夜裡笑醒了，為什麼呢？因為常有重病的人因為我的資助恢復了健康，那麼多學生因為我的資助得以繼續上學。我能不快樂嗎？」

不論我們的口袋是有一塊錢還是一百萬元，若能既為自己，也為別人帶來益處，那我們就是一個真正富有的人。因為我們盡己所能，為自己、為世界奉獻著自己的力量，付出自己的愛。所以說，幸福不在於有多少錢，而是在於怎麼把我們的錢花掉，花在什麼地方。

真正懂生活的人，沒空複製幸福假象

有調查顯示，那些經濟較為發達的城市，人們的收入雖然相對較高，幸福指數卻比較低，即所謂「偽幸福」。但為什麼那麼多人仍然願意往大城市跑？在我們一路向著欲望飛奔的時候，也許我們忽略了其實幸福需要的並不多。

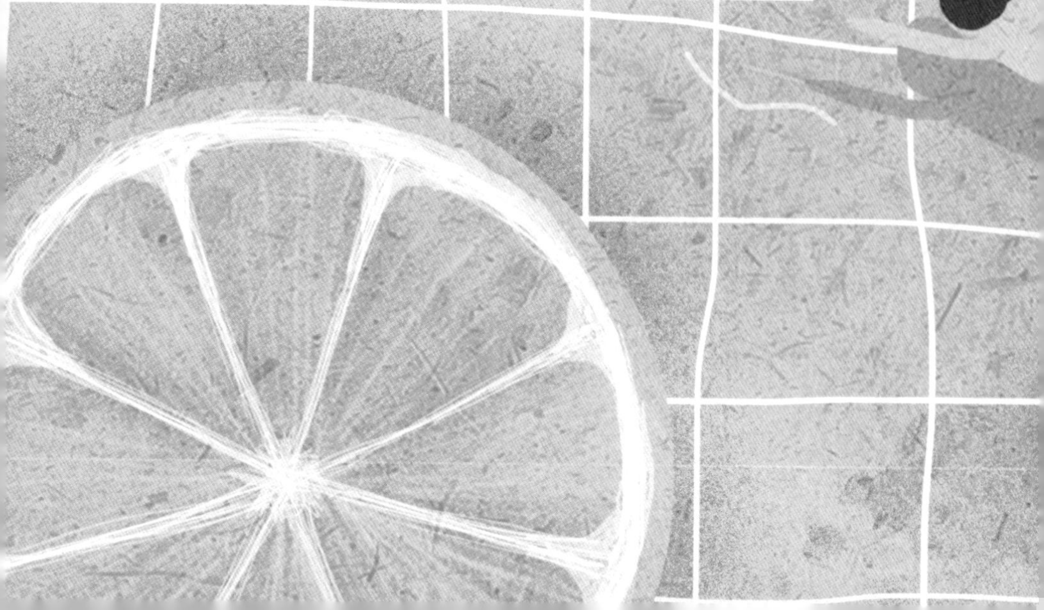

為什麼你總覺得別人比自己幸福

「蜂蝶紛紛過牆去，卻疑春色在鄰家」，這兩句詩鮮明反映了現代人的心理——幸福總在別人那裡，為什麼別人總是比我幸福？

生活中，我們總是在心底不斷問自己，為什麼別人可以面對生活笑得如此從容，生活那麼美滿，但是我們卻事事不如意？老天怎麼可以把幸福都賜給了別人，卻把煩惱都塞給我們？

有這麼一則寓言：豬說假如讓我再活一次，我要做一頭牛，工作雖然累一點，但名聲好，讓人愛憐；牛說假如讓我再活一次，我要做一頭豬，吃罷睡，睡罷吃，不出力，不流汗，活得賽神仙；鷹說假如讓我再活一次，我要做一隻雞，渴有水，餓有米，住有房，還受人保護；雞說假如讓我再活一次，我要做一隻鷹，可以翱翔天空，雲遊四海，任意捕兔殺雞。

可見，這是一種「風景」在別處的普遍心理。其實，每個人都有每個人的幸福，只是你不識廬山真面目，只緣生在此山中。

常言說：「世上不是缺少美，而是缺少發現美的眼睛。」同理，我們也需要用眼睛、用心去發現自己的幸福。美國哈佛大學塔爾・班夏哈（Tal Ben-Shahar）教授說：「只要我們每個人都能夠細心留意，就會發現，其實生活中那些原本在我們眼前展露的幸福枝椏，往往會被我們錯過。主要原因就在於我們總是在豔羨別人風景的美好，而忘記了自己眼前的景色。」

蘇格拉底曾經說：「孩子，世界上有許多東西其實都是十分寶貴的。只是我們擁有它的時候往往渾然不覺，一旦失去才意識到它的珍貴。」

其實，每個人的心中都有一座蘊涵幸福的花園。那裡鳥語花香。只是我們的眼光總愛跳出自己的院牆，逗留在別家的園內。長此以往，我們漸漸忽略掉了自己園子裡的亮麗風景，等到醒悟過來，再回頭時，卻已因為來不及打理而滿園凋零。

誠然，我們並不缺少幸福，我們缺少的是發現幸福的眼睛和心，缺少的是抓牢並且真誠對待幸福的決心和勇氣。幸福永遠是靠自己來發現和爭取的，而不是在嫉妒和羨慕別人的幸福而得來的。如果想要讓自己的園中景色勝過他人，那麼就請做一個勤勞的園丁，在每日勤勞的打理中，創造每一天的幸福。

一日，天使遇見一個農夫。農夫的樣子非常煩惱，他向天使訴說：「我家的水牛剛死了。沒有牠幫忙耕田，我怎麼下田工作呢？」於是天使賜他一頭健壯的水牛。農夫很高興。天使在他身上感受到幸福的味道。

又一日，天使遇見一個詩人。詩人年輕、英俊，有才華且富有，妻子貌美而溫柔，但他卻過得不快活。天使問他：「你為什麼不快樂？」詩人對天使說：「我什麼都有，只欠一樣東西。我想要的是跟別人一樣溫暖幸福。」天使回答說：「可以，你要什麼我都可以給你。」然後，天使拿走詩人的才華，毀去他的容貌，奪去他的財產。然後，天使便離開了。

一個月後，天使再回到詩人的身邊。那時詩人餓得半死，衣衫襤褸，卻摟著妻子不停地向天使道謝，因為他知道什麼是幸福了。

很多時候，不是我們不幸福，只是我們無法平衡心裡的欲望。一個人若覺得自己不幸福，那麼不如先看自己擁有的，不看自己沒有的。只有你滿足和享受自己所擁有的一切，你才能保持自己寧靜、與世無爭的心境，才可以活得坦然。

只有對生活知足和對欲望知止的人，才能免去生活中的許多憂愁和悲傷，從而盡享生活的樂趣。

用心營造自己的生活，充實自己的內心，強化快樂，淡化煩惱，你也會發現「幸福」這一抹春色就在你的庭院裡。不疑春色在鄰家，關鍵就是調整你的心態。每個人都有自己的生活方式。發現自己所擁有的，並且每一天積極生活，你就能真正感受到幸福。

警惕「孔雀」心態

染上「孔雀」心態就容易導致心理失衡，進而引起身心疾病。攀比是沒有止境的，反而使得快樂離自己越來越遠。患上「孔雀」症的人往往只比收穫不比貢獻，只比舒適安逸不比艱苦奮鬥。

當我們把外在毫無價值的東西作為自己人生重要的追求時，過度苛求就會讓人變得虛榮、虛偽。我們都知道《孔雀愛尾》的故事，它就隱喻人們為了沒有意義的東西不惜犧牲了自己的生命和自由。

孔雀很愛惜自己的尾巴，每次在山野棲息的時候，總會先選擇能擱置尾巴的地方才安身。一天下雨，牠的尾巴被淋濕了。這時剛好有獵人來獵捕。有一隻鳥發現了獵人，驚叫起來。於是所有的鳥都不顧一切地飛走了。只有孔雀因為害怕損傷自己的尾巴而猶豫不決，最終被獵人捉住了。

孔雀太愛自己的尾巴了，但牠卻沒想到，正是這條迷人的尾巴給牠帶來災難，而我們人類，抱有這樣孔雀心態的不乏其人。他們往往因為自顧自憐、自我炫耀，而使自己陷入虛榮的泥沼。

現代社會競爭激烈，又很強調事業成功，急於求贏爭勝的心理很容易讓人浮躁，以至於心理失衡。當一個人覺得有落於人後的危險，這種危機感便迫使他藉由外在或他人的榮光來彌補自己實質的不足，以贏得別人的注意與尊重。這種虛榮心過分膨脹會造成的心理失衡，需要好的警惕。

不知道從什麼時候開始，安彩總喜歡向別人炫耀攀比。孩子考試得了第一名，她以最快的速度讓同事知道；家裡買了私家車，她開著去上班，在同事面前炫耀一番；同一辦公室的林小姐花二千元買了件衣服，她就花四千元買一件更好的；看到妹妹戴了一枚鑽戒，就纏著老公買一枚更大的鑽戒去炫耀。中學時代的老同學住了別墅，安彩眼紅得不得了。因為自己的經濟條件遠遠達不到，她的心情因此失落了一星期。

這種炫耀攀比的心情和狀態其實就是一種「孔雀」心態。染上「孔雀」症的人往往只比收穫不比貢獻，只比舒適安逸不比艱苦奮鬥。在攀比的方法上，他們往往是按照自己設定的可比線去比較，比如，比吃比穿，比老公比孩子，很少全面考慮自己的實際情況，結果越比越覺得自己「吃虧」、「不如人」，總有一種失落感，從而產生脫離實際的人生追求。長此以往，有的人牢騷滿腹，怨天尤人；有的人情緒消沉，精神萎靡，無心做好本職工作；有的人甚至心理嚴重失衡，為了炫耀攀比而挪用公款、偷盜財物，走了極端。

如何才能放下攀比的執念，重新回到簡單平靜的生活呢？

其實，人生不如意者十之八九，誰能一生都事事如意，一帆風順呢？改變認知，知足常樂才是正道。俗話說，人生一世屈指算，能活三萬六千天；家有房屋千萬座，睡覺只需三尺寬。細細思量，這是非常有道理的。少些欲求，多些滿足，我們才能豁達起來，重拾快樂。

不要苛求自己，保持凡人心態也是消除「孔雀心理」的良藥。若目標定得太高，能力不及，便容易終日鬱鬱不得志。做事要求十全十美，吹毛求疵，因小瑕而自怨自艾，結果受害者還是自己。

不一定非要成為最好

勇於承認缺憾，保持一顆平常心並知足常樂，才是最好的心境。放過自己，不要苛求自己，才能創造屬於自己的人生。

人不滿足於現狀，不斷完善自身，是人的天性之一。正是在這種心態的驅使下，人們才能不斷進步。但是，萬事都有度，過猶不及。如果過分追求完美，事事都要做到最好，往往得不償失，反而毫無完美可言。實際上，人的許多痛苦都是由這種要成為最好、萬事盡善盡美的想法造成的。

不妨設想，一個凡事都追求完美的人，如果一件事情做得不滿意，那麼必定是吃不好、睡不好，總覺得心裡有個疙瘩，一想起來就不舒服。其實，無論何時何地，做任何事情，都要適可而止。如果不達到想像中的徹底完美誓不罷休，那就是跟自己較勁了。

克倫・凱因是享譽國際芭蕾舞界的芭蕾舞演員。在她的職業生涯中，大大小小的表演超過一萬多次。但她在自傳中表示，只對其中十二場較為滿意，認為其餘的均有不同程度的瑕疵。因此，她對自我能力的第一評價就是失望。

若我們也這樣苛求完美，苛責自己，長此以往，心裡就可能有解不開的疙瘩，而且這疙瘩會越來越大。其實，我們常說的心理失衡，往往就是這樣不知不覺出現的。

凱西是一名長跑運動員，雖然她也希望在比賽中獲得好名次，但她天性樂觀，不管每次的表現如何，只要盡力了，就不會被名次所累。

有一次，凱西參加一場長跑比賽。比賽開始後，凱西用盡渾身力氣堅持向前跑，但最後還是以一步之差，得了第四名。雖然失落，但凱西很快調整自己的腳步，迅速把不快的陰霾遣散，重新拾起快樂。

但是，媒體和觀眾卻對她大肆評論。有的認為她與第三名實力相當，沒有區別；有的認為她關鍵時刻功虧一簣……總之，凱西得到的非難與批評好像比任何其他沒有得到名次的人都多。

面對詢問她為什麼得第四名仍然高興的記者，凱西笑著說：「我是沒有得名次運動員中的第一名。」觀眾看到她幽默的回答，非常讚賞她的良好心態。因此，凱西聲名大振。

其實，凱西告訴了我們怎樣才能有效避免苛求完美和強求第一帶來的不利影響。那就是放下苛求完美的念頭，調整心態，積極地面對人生。不一定非要成為最好，生活不可能完美無缺，也正因為有了殘缺，我們才有希望和夢想。在我們追尋理想，實現夢想的旅途中，我們不斷成就一個完整的自我。

時下，有些人認為自己不漂亮，看自己眼睛就說眼睛小，看自己鼻子就說鼻子塌，希望自己長得像明星，興沖沖跑去整形美容，為了塑造一個更完美的自己而挨上一刀。殊不知，原本獨特無二的你卻成為另一個人的影子。難道這就是所謂「完美的自己」嗎？

其實，完美只是一種理想狀態。就好比挑選水晶的時候，不是覺得這塊水晶裡面有雜質不夠透明，就是嫌棄那個水晶太小，反正每次都很難挑到想像中最完美的水晶，結果失意而歸。後來，終於找到大而清澈的水晶，卻發現那並非天然的晶體而是人造的，因為世上本沒有十全十美的事物。

假如嚴厲苛責自己，設定高目標，甚至超出了自己有限的能力，那問題就接踵而來。你應該看清楚自己的能力，設定一個努力可以達成的目標，然後為之奮鬥；否則，遇到挫折就可能導致身心疲憊。不管結果如何，不要太在意外人對你的評價，因為你已經對得起自己的良心。

總之，我們可以逐步接近完美，但不必一味強求完美。人生存在缺憾，發現不足才有進步及發展的空間。只要你擁有一份向上進取的心，踏實努力一步一步向前，就會被人認可和欣賞。

你可以容許別人比你優秀

莎士比亞說過：「像空氣一樣輕的小事，對於一個嫉妒者而言，也會變成天書一樣堅強的確證。也許這就可以引起一場是非。」

嫉妒是心靈的地獄。當一個人的心靈被嫉妒之蛇咬得發慌時，就會看比自己優秀的人不舒服，並且希望他倒楣，把他的鬱悶當成自己樂趣，暗暗想著：「要是誰比我好，我就想方設法把他砸倒在地，把這個眼中釘、肉中刺給除去。」

大衛發掘並且培養了偉大的化學家法拉第。在事業的基礎之上兩個人建立了深厚的友誼。他們朝夕相處，暢談科學和人生。但是，法拉第取得巨大成就時，大衛頓時感到非常嫉妒。這種嫉妒心理像藤蔓一樣纏繞著他的心，使他開始採取多種手段排擠、壓制法拉第。最後，嫉妒心也導致他們的友誼破裂。

對別人比你優秀的事實，要坦然處之。嫉妒別人，不會為自己增加任何的好處，同時也不可能減少別人的成就。嫉妒只會縮小你的格局，壓抑你的熱情，可能使得朋友反目、親戚成仇。

再者，不容許有人比自己優秀這樣的事情，按照「嫉妒經濟學」分析，就是嫉妒者以「妒火中燒」為「成本」去嫉妒他人。拋開嫉妒加害在他人身上的那些災禍，「妒火」中傷的最終還是嫉妒者本身。

喬丹之所以能夠征服NBA賽場和廣大球迷，不僅依靠他高超的球技，更多的是因為他高尚的人格和無法比擬的心胸。

皮彭是當年公牛隊最有希望超越喬丹的新秀，但喬丹沒有嫉妒這名優秀的隊友，反而處處幫助和鼓勵他。

一次，喬丹問皮彭：「我們兩人的三分球誰投得好？」

皮彭認真地說：「你比我投得好！」

「不，你比我投得好！」喬丹十分肯定地糾正。雖然在成功率上喬丹比皮彭略高百分之二・二，但喬丹解釋道，「你在遠投方面很有天賦，動作規範自然，以後還會更好。而我的三分球弱點很多！」喬丹還告訴皮彭，自己扣籃多用右手並且習慣用左手幫一下；而皮彭雙手都行，甚至用左手會更好一些。而這些細節連皮彭自己都沒有注意到。

由於喬丹的無私，令全隊信心倍增，幫助公牛隊贏得了一場又一場的勝利。

德國諺語說：「好嫉妒的人會因為鄰居的身體發福而越發憔悴。」看來，嫉妒就像一把小刀，傷人傷己。而且，仔細想來，因別人比自己優秀而日日妒忌的心理煎熬實在是賠本買賣，因為自己的不幸和他人的幸福都會使你痛苦不已。

所以，拋開嫉妒，卸下包袱，你才能放鬆身心，緩解壓力，輕裝上陣；走出嫉妒的陰影，消除嫉妒心理，你才更能夠贏得朋友的愛戴，贏得對手尊重。

不要老糾纏於羨慕、嫉妒他人的泥沼，反而不懂得欣賞自己，不知道發現自己的長處和美好。坦然面對自己人生中的強手勁敵，容許他人比自己優秀，那才是一種氣度。然後以積極健康的心態審視自己，發現自己的價值，挖掘自己的特質，再與之展開良性的競爭，這才能真正促進我們的成長。

花開千種，各有風姿。人也有千樣，當然也各有各的魅力。要保持一顆平常心，讚美別人也欣賞自己。看到他人比自己優秀的同時，你也要看到自己的特點，揚長避短，才能重拾自信，找到自己在人生舞臺的位置。

時時刻刻跟別人比較，還不如跟昨天的自己比

我們的不滿和焦慮，大多緣於每時每刻在和別人比較。比來比去還是心理不平衡。我們常習慣於參照別人的輝煌，然後對比自己的暗淡。盲目的比較只會讓自己陷入虛榮的泥沼。

與其跟別人相比，比得自己失去了信心和勇氣，還不如跟自己的昨天相比，比出每一天的收穫和進步。

畢業五年後，張森去參加同學會。聚會結束，大家在櫃檯搶著買單，張森也在其中。一位朋友拿出皮夾要付現金，另一位朋友馬上說：「拿錢幹嘛，這裡可以刷卡。」聽到刷卡，其他人開始掏信用卡，張森拿出了他常用的商務卡，其他拿白金卡的人都不再向前了。雖然是買單付帳，但張森心裡多了一份優越感。

不料在張森背後傳來秦宇低沉的聲音，說：「還是我來吧！」一隻長長的手從張森肩上伸出，在食指與中指之間夾著一張某家銀行的黑卡。張森和其他朋友幾乎用恭迎膜拜的眼神看著這張年費好幾萬元的信用卡。

可想而知，張森那一天感覺受傷頗深，回家上網立刻查詢申請黑卡的資格。晚上入睡前，張森不禁想：「估計今天在場的其他人也和我一樣自尊受傷，然後忙著辦卡……」

要和別人比，正確的方法是全方位的比較。若只拿別人今天的成就跟自己比，那肯定是不適宜的。因為，一味拿別人輝煌的今天來做參照，比出的只是令自己失望的結果。既然要比，就要跟自己比，跟自己的昨天比，跟自己的過去比。今天的你比昨天強，現在的你比過去好，這就是一種進步。所以，擺正心態，「做最好的自己」才是關鍵。

我們人生的目標是成功，那麼成功的真正含義究竟是什麼？就是不斷比昨天的自己優秀。成功不是盲目地要求自己要達到某位成功人士的標準，而是根據自己的實際情況，腳踏實地去努力，每天進步一點，不斷加強自己的能力，不斷優化自己。

要想超越別人，首先應該超越你自己！不要求自己比別人出色多少，只要比昨天的自己出色一點，你就是有收穫的，你就已經離成功更近一步。凡事打敗你的不是外部因素，而是自己內在的問題。

堅持不懈，讓自己每天進步一點點，定會積跬步而至千里。日積月累，讓自己每天成功一點點，必定會厚積薄發。你只需要有與自己較勁兒的勁頭，只需要比昨天的自己更出色，以今天的我超越昨天的我，那麼每天都會收穫全新的自己。

我們需要的也許並不多

只有真正懂得享受生活的人，才知道什麼是幸福，知道金錢名利不是唯一能給他帶來幸福的東西。那些在沙漠裡奔走的人，只需要得到一杯水就足夠了。萬兩黃金也只是成為他們旅途中沉重的負擔。

佛經云：「心中無欲無輪迴，沒有輪迴何來苦。不貪就是解脫法，心靈明亮靜與樂。」意思是說，不貪就是解救世人輪迴的特殊方法，可以讓靈魂淨化變得明亮與寂靜。這時候，世人心中自然就產生快樂和幸福了。可見，要想尋到幸福的人生，我們需要的也許並不多。

史密斯原是一位老鐵匠，上了年紀拿不動鐵錘了，就改開一間鐵器行。他自己端把椅子坐在門口，貨物在門外一字排開。他不像別的商販那樣大聲吆喝以吸引別人的注意。有人來買東西時，他也不和顧客討價還價。

史密斯的小店二十四小時營業，從不關門。所以，無論何時路過這兒，人們都可以看到他捧著一台小收音機，躺在竹椅上，閉著眼睛聽歌劇。在他的身邊，放著一個咖啡壺。從這壺的模樣來看，不比老史密斯年紀小。

史密斯每日的收入勉強能維持他的溫飽和喝咖啡的費用。不過他的年紀大了，看上去已不再需要多餘的東西，而且他很知足。人們從沒看到他為生活發愁，常年一副陶醉的模樣。

有一天，一個古董商路過，不經意地看到史密斯身邊的咖啡壺，端詳之後便驚喜不已。這正是製壺大師楊格的作品，珍貴稀有。古董商決定花十萬美元把咖啡壺買下來。但史密斯拒絕了，他認為這個咖啡壺是他的祖父留下來的，他們祖孫三代與它有深厚的感情。

然而當夜，史密斯卻失眠了。他常常會不由自主地端坐起身看上幾眼咖啡壺，他感覺很不安。更讓他感到頭痛的是，人們得知他有一個珍貴的咖啡壺之後，紛紛過來詢問，問他還有沒有其他的收藏；有的甚至開口向他借錢；更有甚者竟然晚上推開他的店門……史密斯平靜的生活被徹底破壞了。

當那位古董商帶著二十萬美元再次登門的時候，史密斯再也不能容忍了。他招來了所有人，然後當眾把那把咖啡壺砸成碎片。

如今史密斯已經一百零二歲了，但是他還在開著他的鐵器行，繼續過著無憂無慮的生活。

孩童時代，女孩子喜歡上了小貼畫，每天蹲在地上認真地拿了小貼畫貼滿整個門。當時，看著花花綠綠的門板，她不禁感歎：「今天真快樂呀，好幸福。」你看，小孩子都知道幸福很簡單。只是擁有兩塊錢一包的小貼畫，可是她得到的快樂幸福卻很多。原來獲得幸福，並不需要那麼多金錢名利！

老子有句話說：「禍莫大於不知足，咎莫大於欲得，故知足之常樂矣。」意思是說，最大的禍患是不知足，最大的罪過是貪得無厭，知足才能常樂。如果由敬財、愛財變成貪財、斂財，甚至唯利是圖，那麼這樣就扭曲了人生。

在這個物欲膨脹的時代，如果一直被欲望糾纏，一味地任由貪婪膨脹，陷入追求金錢名利的惡性循環裡，我們就無法享受生活，無法快樂了。適可而止吧！走向幸福，其實需要的並不多。

回頭看看，你就會發現，金錢名利代表的是一種財富能力；而幸福是一種心態和智慧，一種對待生活的態度，只是一種精神上的愉悅體驗。不貪求，不妄欲，安享歲月的平靜，才能讓你感覺自己像生活在天堂一樣幸福。

告別「偽幸福」

總是為了別人活、失去自我，最後你不快樂，對方也不珍惜你的付出。放下那些假裝、假愛、虛偽、不踏實，找回你自己真正要的、真正能讓你快樂的，人生還很長，幸福是你的權力，快樂是你的選擇。

幸福是指建立在自我的心理認知之上、由衷發自內心的一種感受。當今社會，人們越發覺得僅僅用幸福或不幸福這兩個維度已經不足以清晰描繪出現代人的生活狀態。於是，「偽幸福」出現了。

什麼是「偽幸福」？「偽幸福」正是介於幸福與不幸福中間的第三種狀態，是那種在幸福的光環籠罩下似是而非的幸福。那麼請問，你的生活是幸福、不幸福，還是「偽幸福」？

媒體報導了劉雲生和妻子胡景香在玉樹地震中的經歷，講述了夫妻倆經過地震，從每天都吵架到意識到只要一家人平平安安就是最好的，闡述了夫妻兩人在被埋十二小時獲救後對幸福的新理解。這個報導引發了大眾的思考——我們現在幸福嗎？幸福又該如何去衡量？

據分析，健康、情商、財商、家庭責任以及社會環境被絕大多數調查者認為是影響家庭幸福最重要的因素。同時，家人之間的溝通也是影響守護家庭幸福的重要因素。「缺少與家人相處的時間」成為大城市家庭低幸福感的主要原因。

曉麗是個農村女孩，嫁給有能力的老公之後，就跟著老公進城經商。他們開了一家電腦周邊公司。公司做大後，曉麗自然就成了全職太太。老公因為生意繁忙，整天在外奔波，有時幾天不回家。曉麗在家裡，除了上網就是到商場購物，或者牽著小狗到處溜。

在外人眼裡曉麗是個幸福的人，可曉麗不這麼認為。她覺得幸福的生活早已離她遠去，現在她不知道自己過的是一種什麼生活。幸福不是珠光寶氣，也不是一擲千金。曉麗懷念的幸福就是像從前那樣，與家人一起在小餐館裡吃碗炸醬麵，飯後與老公挽手漫步在街頭。

徘徊於幸福與偽幸福的邊緣，讓曾經幸福的人們感到絕望又無助。本來，幸福源自內心的平靜。可世事喧囂，這些事情既非個人可控，也就讓人難以按部就班地規劃人生和未來。當生活前景日益受困於不確定的預期時，不安時時襲擾而來。此時此刻，要說真幸福談何容易。

幸福是一種主觀感受，或許尋找幸福更在於探尋生命意義。我們需要的只是平凡人生的平和心態，不強求富貴，只求平安健康；不苛求權勢，只求安居樂業；不貪求錦衣玉食，只安於粗茶淡飯。在追尋幸福的路上，得到了是因為沒苛求，所以失去了也不必太在乎。捨和得都是福，知足才最幸福。

張建和李婷夫婦二人在上海安家五年了，雖然缺上海戶口，但家裡有房有車，家庭年收入也在十六萬元左右。但幾經思考，兩人決定返回老家嘉興。

張建常常想，在上海，錢是賺不完的；很多朋友已經自己創業且小有成就。然而，沉重的房貸、未來有孩子之後的學費以及父母養老問題，讓他們覺得難以鬆懈。在別人看來，他們夫妻倆生活在一線大城市，似乎什麼都有了，卻不知道他們承擔著巨大的壓力，有時覺得透不過氣來。

李婷覺得自己漸漸與人群脫離，幸福消失了，「偽幸福」洶湧來襲，漸漸懷念小城市裡的寧靜和平和。從前的老同學在家鄉發展，有的已事業有成，有的已結婚生子。他們在親友的陪伴下享受著平靜的幸福。而自己呢，掙扎在一線城市前途茫茫，整日仍為工作、為生活焦頭爛額地奔波著。

回到嘉興之後，張建和李婷都找到了比自己在上海更好的工作，生活上也輕鬆許多。閒暇時候，他們陪伴父母散步、旅遊，和朋友們相聚談天。他們感覺生活又變得幸福了。

跳出「偽幸福」的魔圈，和「偽幸福」說再見，需要一種平和的心態和回歸自然的精神。不強求富貴名利，降低欲望，才能將自己從失落和痛苦中解救出來。要是總想著無論怎麼努力，都會有人比我有錢，比我成功，比我更有社會地位，比我更受人尊重，那必定會鬱鬱寡歡。設定合理的人生目標，為之積極努力，不幸福的體驗才容易消除，才會變得充實且有奔頭。

對未來生活抱有過高期待的人，自我認同度低，缺乏安全感，希望得到更多資源來獲得心理上的滿足，從而獲得安全感。雖然這些人有不錯的工作和收入，甚至早已置辦好了車子和房子，但是這些已經擁有的往往被他們輕易忽視，他們只能看到頭頂上遙不可及的天空。其實，知足才能帶領你從「偽幸福」的迷宮中走出來。

總而言之，最幸福的生活是基於生活品質而非只是個人財富的積累。想想我們人生中最重要的事情，不就是吃飽穿暖、身體健康、家人平安、自食其力。其他都是身外之物。這些事情並不難辦到。我們要做的是在追求功成名就、出人頭地的過程中保持平靜知足的心態。為了富貴權勢名利犧牲了健康、親情、家庭，讓自己在「偽幸福」中活著，實在不值得，所以還是快快和「偽幸福」說再見吧！

CHAPTER 03

擺脫受害者心態，坦然面對不公正的境遇

曾經有一篇題為《我奮鬥了十八年才和你坐在一起喝咖啡》的文章在網路上非常流行，文章的主人翁麥子說自己用了整整十八年的努力奮鬥，才換來與一些人出生就享有的權利——坐在星巴克裡喝咖啡。這個世界上的不公平並不可怕，可怕的是你一直放不下，一直怨天尤人。

懂得換位思考，才能創造雙贏

出了問題，有了矛盾，我們總是習慣性地往外面找原因，責備別人不理解，抱怨人家不配合。總之，錯的絕不是自己。這樣的話，矛盾只會激化。

大多數人都有一種「受害者心態」：上司沒本事卻愛找碴；同事嫉妒我又說我壞話；下屬不聽話而且常頂撞我；鄰居嘮叨又很八卦；父母太專制，什麼都要管；孩子叛逆又不聽話……總之工作不開心，做人不快樂，事事不順。為什麼人人都覺得自己是受害者？為什麼生活變成是一件令人傷心的事情？

我們調整好自己的心態，一起來看看下面的故事吧！

一天，某公司總裁陸先生回辦公室取東西。到門口才發現自己沒帶鑰匙，而此時他的祕書已經下班了。他隨即打電話給祕書，但還是沒有聯繫到祕書。氣呼呼的他在第二天凌晨給祕書發了一封措辭嚴厲而且語氣相當不客氣的「譴責信」。

信中，陸先生認為祕書不可以做完份內的事之後，就認為其他的事與自己無關了，因此要求他的祕書從現在起，無論是午餐時段，還是晚上下班之後，要跟每一名經理都確認沒事了之後才能離開辦公室。這位總裁不只把這封信發給祕書一人，還同時寄送給公司的四位同事。

兩天之後，祕書回信給總裁，語氣強硬，措詞嚴厲，絲毫不輸來信者的氣勢。信中，她聲明，鎖門是為了安全；總裁有鑰匙忘記帶是自己不對，不要把自己的錯誤轉移到別人身上；中午和晚上下班之後是私人時間，總裁無權干涉；雖是上下級關係，但請總裁注意說話語氣。同時，祕書把這封信連同總裁的原信轉寄給公司所有員工。

此後，這封信被瘋狂轉發和討論，引起軒然大波。

現在，這件爭執激烈的事件已悄然落幕了，但是，沒有人是勝利者。

撥開字裡行間表達的憤怒、委屈等情緒，運用理性分析，我們就會發現，所有人都只是從自己的立場出發，從自己的愛好、自己的願望、自己的判斷出發，並且認為對方也應該配合自己的想法，結果當然不可能，然後所有人就鬱悶、生氣甚至惱羞成怒。最終導致人與人之間缺乏最起碼的信任，互相猜疑防範著。因此看待問題就會變得刻薄偏激，缺乏平常心，也不寬容別人。

生活當中，和不同的人相處，無論遇到多大的矛盾和難以解決的問題，若能冷靜一點、多包容和理解一點，生活中的煩惱就會減少。所以，我們不要光憑主觀意識去認定某事，甚至強加於他人他物。這樣的主觀意識往往會誤導我們。請多一些換位思考吧！想別人之所想，才能讓我們化解矛盾，解開誤會。

我們常常埋怨親人不能理解自己，抱怨自己的主管、上司不能尊重自己的意見……或許，我們自己有時的確是因別人的誤解而怨氣難平，如果一個人經常看什麼都不順眼，對別人的建議老是想不通、有意見，那他真的是應該自我反思和自我檢討了。

假如每個人都只站在自己的立場而忽略掉他人的情緒與感受的話，親人之間，同事或朋友之間只會造成不必要的誤會與傷害。與其責怪別人，不如檢討自己。只有從不同角度看問題，你才能理解別人的處境和看法。很多時候，只要互相理解了、寬容了，事情就往往容易迎刃而解。一件事情本身其實並無好或壞，對或錯，從不同角度出發，站在不同立場，就會有不同的認知。

當身為父母的你，對自己的子女提出要求，或要其達到某個目標時，你有沒有站在孩子的立場，想過他們是否能接受和承受？如果你的父母也這樣要求你，你會作何感想，會不會表現得很叛逆？身為子女，要求父母滿足你不切實際的願望時，你有沒有想過父母已經為你付出了許多？

當一個丈夫要求自己的妻子必須做到相夫教子，出得廳堂，入得廚房時，有沒有想過你是否對她和自己的家庭付出了全部的愛？當一個妻子對丈夫諸多要求時，那麼你是否站在他的角度看待你們的婚姻？你有沒有對他表達你的愛戀、對他的父母是否孝敬有加？

一切的一切，亦復如是。

其實這個時候，我們應該換位思考。與其無休止地責怪別人，不如很認真地檢討自己。事情發生了，別管是誰的責任，只問如何做，才能將事情辦好，將問題化解，彌補損失，這才是解決問題之道。

人生路漫漫，換位思考，才能高效率工作，才能增進人與人之間的理解與信任，才能讓我們的生活充滿和諧和歡樂。有矛盾了嗎？又抱怨了嗎？還等什麼，快快運用換位思考，找尋解決問題的最好方法吧！

不要總是抱怨命運

我們在面臨困境的時候，常常抱怨，抱怨為什麼倒楣的總是自己，為什麼全世界都在和自己作對，並很容易地把一切抱怨的矛頭都直指命運。其實，命運根本不知道你是誰，抱怨命運毫無意義。

華為總裁任正非曾經說過：「獅子如果能追上羚羊，牠就能生存，如果牠跑不過羚羊，只能餓死。羚羊如果抱怨不公平，那青草——羚羊的「早餐」又該向誰抱怨？羚羊還能跑，青草連逃跑的機會都沒有！羚羊要想活下去，只有平時加強訓練，提高奔跑的速度，讓自己跑得更快，即使跑不過獅子，也要比其他羚羊跑得快，只有這樣才得以生存。」

所以，不要抱怨命運，因為抱怨命運不但會讓自己內心痛苦不堪，在怨天尤人的憤怒情緒中，你只會把事情搞得越來越糟，再次錯過解決問題的機會。顯然，抱怨是最消耗能量的無益舉動。當遭遇不公平對待的時候，要用平常心去對待，坦然面對它，用積極的心態去迎接困境，這才是一種人生的境界。

一個少年喜歡彈琴，想成為一名音樂家；另一個少年愛好繪畫，想成為一名美術家。然而，他們都突然經歷了一場災難。結果，想當音樂家的少年，再也無法聽見任何聲音；想當美術家的少年，再也無法看到這個五彩繽紛的世界。

兩個少年非常傷心，痛哭流涕，埋怨命運的不公。這時，一位老人知道了他們的遭遇和怨恨，就對耳聾的少年用手語比畫著說：「你的耳朵雖然壞了，但眼睛還是明亮的，為什麼不改學繪畫呢！」然後，他又對眼瞎的少年說：「你的眼睛儘管瞎了，但耳朵還是靈敏的，為什麼不改學彈琴呢？」兩個少年聽了，心裡一亮。他們從此不再埋怨命運的不公，開始有新的追求。

改學繪畫的少年發現耳聾可使自己避免一切喧囂的干擾，使精力高度專注。改學彈琴的少年慢慢發現失明反而能免除許多無謂的煩惱，使心思無比集中。

後來，耳聾的少年成了美術家，名揚四海；眼瞎的少年終於成為音樂家，享譽天下。他們相約去拜見並感謝那位老人。

老人笑著說：「不用謝我，該感謝的是你們自己的努力。事實證明，當命運堵塞了一條道路的時候，它常常會留下另一條道路！」

每個人都會遭遇挫折和失敗，這是我們每個人人生經歷的一部分。但是，永不抱怨的人生態度才是成功的關鍵。遇到挫折時，接受它，把壞事當好事辦，人生就沒有抱怨，只有快樂了。莎士比亞曾經說過：「人們可支配自己的命運。若我們受制於人，那錯不在命運，而是在我們自己。」

抱怨既然只會讓一切變得更糟，那麼何不秉持不抱怨的原則，積極去轉化呢？世上只有三種事：我的事，他的事，老天的事。抱怨「我」的人，應該試著學習接納自己；抱怨「他」的人，應該試著把抱怨轉成請求；抱怨「老天」的人，應試著用祈禱的方式來訴求你的願望並付諸行動。這樣一來，我們的生活就會有意料不到的變化，我們的人生也會更美好。

新加坡旅遊局曾給總理李光耀打了一份報告，大意是說：「我們新加坡不像埃及有金字塔，不像中國有長城，不像日本有富士山。我們除了一年四季直射的陽光，什麼名勝古跡都沒有，要發展旅遊事業，實在是巧婦難為無米之炊。」

李光耀看過報告，非常氣憤，然後寫道：「你想讓上帝給我們多少東西？陽光，陽光就夠了。」

後來，新加坡利用那一年四季直射的陽光，種花植草，在很短的時間裡，發展成為世界上著名的「花園城市」。

其實，我們之所以抱怨命運，只是因為沒能發現命運放在我們身邊的那些珍寶，常常捨近求遠，甚至緣木求魚，找不到就開始抱怨，而實際上機遇往往就在腳邊，就在我們的心裡。正如，世上的任何事都是多面的，任何挫折，都有可能成為我們有利的因素。所以，面對困境，明智的人都會使自己適應世界，承受苦難，在挫折中不斷成長。

我們的心態只要從抱怨轉為奮鬥，壞事就往往會變成令人鼓舞的好事。如果我們面對苦難，樂觀承受它，那麼它的毒刺往往也會脫落，變成一株美麗的花。摒棄抱怨，改變自己，生活才會越美好，人生道路才會越順暢。

人生中本來就沒有絕對公平的事

生活有時是不公平的。承認並接受這個現實，我們才能擺正心態，給自己的人生準確定位。

自我們一出生，面對的現實世界就不是絕對公平。有人生在富貴之家，有人生於貧寒之門；有人天生殘疾，有人生來健康；有人長得豔麗，有人生得醜陋……若我們糾結在不公平上，抱怨、嫉妒甚至怨恨，那麼什麼也改變不了，只能在這樣的情緒裡鬱鬱寡歡，不得解脫。

美國微軟的總裁比爾・蓋茲說：「生活是不公平的，你要去適應它。」這個世界就是這樣，你抱不抱怨都一樣，關鍵是你為這個不公平做了些什麼？

承認這個現實並接受事實——世界有時是不公平的，我們才能放平心

態，找到屬於自己的人生定位。當你去適應不公平的生活，然後按照正確的路走下去，那麼生活從你那裡奪走的，一定會以另一種形式給你補償。不要抱怨生活的不公平，檢討自己付出的努力是否足夠贏得你理想中的公平。

一九三九年，猶太人卡普蘭（Kaplan）以優等生的身份畢業於紐約城市大學，但繼續申請就讀時卻被五所醫學院拒絕。

當時猶太人深受教育歧視，要想接受高等教育，唯一的突破口就是考試。猶太人憑藉著考試成績大量擠入常青藤、哈佛、耶魯等名校，這引起全美社會的驚慌。大家都想解決這個問題。美國大學採取的辦法就是把「品格」作為衡量學生的手段，沖淡了考試成績的重要性，成功降低了猶太學生的錄取率。這是整個時代對猶太人的不公平對待。

卡普蘭是猶太人，上的是公立大學，他覺得只要醫學院也有入學考試，他就能向校方證明，他這樣一個從公立大學的畢業生將完全不輸於一個私立大學的畢業生。

卡普蘭做出了他對不公平的回應。他沒有埋怨，也沒有屈服，而是把精力都放在研究考試這個唯一可以依賴的武器。

一九七九年，經報告顯示：卡普蘭的培訓能夠提高SAT的語文和數學成績各二十五分（總分在二百至八百之間）！這等於是卡普蘭最好的全國性廣告。從此他的事業一發不可收拾。卡普蘭一生致力於讓更多沒有特殊背景的人通過SAT考試，獲得本該屬於自己的教育機會。他引發了一場「考試革命」，被稱為教育民主運動。他改變了整個美國對人才的選拔機制，被稱為美國教育之父。

誠然，生活中不公平的事情實在太多了。但是，為此仇視一切，指責抱怨，唉聲歎氣，都不能改變現實。要想真正改變不公，唯一的方法就是比爾・蓋茲說的「去適應它」。只有適應環境才能改造環境。

在這個競爭激烈的社會，即便你有滿腹的才華、卓越的能力，也不可能在創業之初就位居高位，身價百萬。只有先適應才能有機會。你應該適應環境，坦然面對不公平待遇，擺正心態，踏踏實實地去工作，哪怕是洗一輩子馬桶，也要做個洗馬桶最優秀的人！

俗話說：「不想當元帥的士兵不是好士兵。」但成為元帥之前，你必須是一名最優秀的士兵，否則你永遠沒有成為元帥的機會。

逃避現實，怨天尤人，不敢面對現實，只會被生活擊垮。既然這樣，我們不如去思考，如何更好地適應生活的不公。唯有適應當下的環境，才有機會去改變自己的不公平處境。

任何人都沒有幫你的義務，當你遭到拒絕不要抱怨

放下「別人就該幫助我」的這種想法，擺正心態，我們才能與他人良好溝通，才能在工作生活中和其他人合作，共同成長。

人生不可能一帆風順，你總會遇到自己難以解決的問題。此時，你常常向別人尋求幫助。他人幫助你，你自是歡喜，但不可避免地，你也可能會遭到拒絕。在遭遇拒絕的時候，一些人就開始抱怨、生氣甚至惡言相向。其實，作為一個獨立的個體，任何人都沒有幫助你的義務。所以，當你被拒絕的時候，不要抱怨他人為什麼這麼冷漠。你需要冷靜下來，用平和的心態，反思自己，找尋其他的出路。

于紅和陳明夫婦在大城市打拚了好幾年。他們一直都租房住，但租房也不是長久之計。陳明夫婦感覺買房已經迫在眉睫。因為自己手裡的錢連頭期款都不夠，所以，於紅就想找親戚朋友借錢，然後貸款先把房子買下來。他們打了一圈電話去尋求幫助。

打給陳明父母，他們一聽說是買房的事，就不言語了。雖然陳明明顯感覺到父母有些冷淡，但還是主動提出讓父母幫忙湊點錢。父母只是應付地回應了一下。于紅在旁邊，覺得公婆不情不願的，心中很不滿。

後來，兩人又打給于紅的母親。于紅母親一聽，就趕緊解釋自己如何如何困難。于紅覺得，母親那種語氣就和菜市場吵架一樣，連自己開口借錢的機會都不給。她心想：「我還沒跟你說我要向你借錢呢，你就這樣連急帶怕的。我是你女兒，你都不幫我。」

現實生活中，我們常常這樣認為，自己有困難，別人就應該幫助，尤其是自己的親戚朋友。抱著這樣的心態，你認為好朋友就應該幫助自己，父母就應該為自己做這做那。於是，當你被他們拒絕之後，你就會惱羞成怒，甚至怨天尤人，抱怨連連，彷彿他們十惡不赦。最終你可能因此和親友產生隔閡，甚至反目成仇。

其實，父母為我們所做的一切，完全是他們作為父母「釋放愛」的需要，是他們主動對我們付出且不求回報的。同樣，雖然父母給了我們生命，但我們都是一個獨立的個體。從我們出生起，我就是我，你就是你，不隸屬於任何人。我們的人生只能由自己負責。所以，要記住，在這個世界上，沒有任何人欠你什麼；沒有人有義務無條件幫你，包括你的親人。一切只能靠你自己。

同理，如果你認為好朋友就應該相互幫助，那就顯得有利用之意。尋求朋友幫助被拒絕，錯不在你的朋友，而在自己。朋友不是不幫你，也許他也有難言之隱。假如你抱怨甚至痛恨朋友，從此失去一個好朋友，這又何必呢？你為何不為朋友想想呢？

我們害怕被拒絕，被拒絕後又向別人抱怨，把自己描繪成事件的受害者，讓別人同情自己。所以，很多人面對別人的拒絕時，就開始抱怨不滿，比如「這件事你應該配合」、「你應該這麼做」、「你不能不幫我」……我們何不換個角度看問題，若你是對方，遇到這樣的詰問，我想你不禁也會反問：「我為什麼不能不幫你？我有必須幫助你的義務嗎？」

其實，事情就是這麼簡單。

所以，只有認為別人沒有義務幫助你，你才會有平常心去對待其他人，去感恩周圍人的每一份幫助。若不放下心中的這份錯誤的想法，那麼當我們遭到拒絕時，如何能不抱怨，如何能從抱怨的束縛中解脫，真正看清現實，改變自己的困境？

藺經理讓梁雨寫一份緊急檔，然後跟他說：「你寫完，先讓陳副經理看一下，讓他幫你改改，然後再拿給我看。」梁雨認真寫好，便興沖沖地去找陳副經理。

一見面，梁雨便問，「您有空嗎？」陳副經理當時正忙著修改合同書，隨口回了一句「沒空」。這下可給梁雨澆了一盆涼水。辦公室其他同事都看著他們。陳副經理這才意識到問題，忙解釋說：「我剛才看合同入神了，隨口回了一句。小梁別放在心上，有事找我。改文件是吧？先坐下休息一會，我等會就給你改。」

可是，梁雨可不這麼想。他覺得這事情本是藺經理交代下來的，陳副經理就該幫著改，現在不配合，還當著這麼多同事的面直接回了一句「沒空」。衝動之下，梁雨就回道：「我沒事，您忙。」說完，轉身就走了。辦公室的其他人都愣了。

如果你能讓對方知道你在要求什麼，追尋什麼，對方會給你幫助。如果把我們的抱怨改成詢問，並且不帶有任何消極看法或成見，清晰表達自己在追求什麼結果，那麼你就能獲得別人的支持和幫助。

當然，最重要的是，我們要明白，沒有人有義務幫你做任何事情。所以，當其他人幫助我們時，我們一定要心懷感激。當別人拒絕向我們施予援手時，我們更要擺正心態，用平常心去看待。這樣，親戚、朋友、同事，甚至陌生人之間才能消除隔閡，實現良好的溝通和交流。

所謂的懷才不遇，其實是不夠認清自己

在現代社會中，很多人都鬥志昂揚，幻想憑藉自己的才華一展鴻鵠之志，甚至一夜成名。但是，如果未如預期就開始抱怨，覺得「懷才不遇」。其實，事實是你沒有客觀評價自己，沒有給你的人生準確定位。

「懷才不遇」是許多文人名士心中解不開的情節。往往上至顯赫的當朝宰相，下至卑微的小官吏都會有這種感受，都會發出「千里馬常有，伯樂不常有」的感慨。

「認識你自己（Know yourself）」是刻在阿波羅神廟的三句箴言之一。當你認為自己「懷才不遇」時，你是否真的認識自己？所謂「懷才不遇」，很多時候不過是失意者的一個自我安慰：「我沒有成功，不是我的原因，是因為我懷才不遇，而我本身是有才的。」

但是，什麼是「有才」？誰定義的「有才」？不過是你自己認為自己有才。這就像一個工廠堅持自己的產品品質很好，把銷路不好的原因歸結為市場不接受，消費者不識貨一樣。在一個以市場需求為導向的時代，這樣脫離市場需要，一味強調自己的產品，再好也沒有消費者購買。所以，要想讓自己成功，就要認清現實和自己，化被動為主動，去適應環境。

對於工作，無論大小，我們都要毫不懈怠。若抱著所謂「懷才不遇」的心理，常常抱怨沒有伯樂，那你就不能正確估計自己。其實，從來沒有懷才不遇、大材小用之說。只要你能踏實地從每一個細節入手，發揮自己的優勢，做出成績，適時推銷自己，也許成功離你不遠。

在我們迷茫的時候，認識你自己就如明燈般指引我們。當你真正覺得懷才不遇的時候，默念這句話去尋找真正的自己。努力發現自己的不足，看清現實，分清優劣，重拾信心和勇氣去開創未來。

一位窮困潦倒的青年人終於鼓起勇氣敲了一位富翁的家門。他希望那位白手起家的富翁告訴他成功的祕訣。「你一定想知道我是怎樣白手起家的嗎？」一進門富翁就這麼問。年輕人十分吃驚：「你怎麼知道？我一直懷才不遇，根本沒有成功的機會。」

富翁回答：「已經有很多自以為一無所有的人來找過我。他們來時確實貧困潦倒而且牢騷滿腹，但走時儼然個個都成了富翁。你也具有如此豐厚的財富，為什麼還抱怨不止呢？」

年輕人急切地問：「它們到底在哪裡？」

「你有一雙眼睛。如果你給我一隻眼睛，我可以用一袋黃金作為補償。」

「不，我不能失去眼睛！」年輕人大聲回答說。

「好吧，那麼我要你的一雙手。如果你把你的一雙手分給我，我可以給你想得到的任何東西。」

「不！我更不能失去雙手！」年輕人尖叫。

「有一雙眼睛，你就可以學習；有一雙手，你就可以勞動。現在你看到了吧，你有多麼豐厚的財富啊！這就是我所謂的致富祕訣。」富翁笑著說。

年輕人聽了如夢方醒。他向富翁道了謝，然後昂首闊步走了出去。

在現實生活中，很多人都會抱怨命運愚弄人，認為自己懷才不遇。當你覺得懷才不遇的時候，要正確去看待自己，不要一味認為沒有伯樂，要變被動為主動，增強自己適應環境的能力；認識自己的優勢和劣勢，強化優勢，通過學習和培訓不斷改善自己的不足，縮短與別人的差距；要堅持不懈地努力工作，踏踏實實做好工作中的每一件事情，在逆境中抓住每一次施展才華的機會。

身處逆境時，你的態度很重要

生活就是這樣。A弦斷了，就用剩下的三根弦繼續演奏；陷入逆境，就動用你的智慧、勇氣和信念去衝破逆境，開創新天地。

世界著名的小提琴家歐利・布林在巴黎舉行音樂會。在演奏過程中，他小提琴上的A弦突然斷了。令人驚訝的是歐利・布林居然用另外那三根弦演奏完了一首曲子。「這就是生活，」他說，「如果你的A弦斷了，就在其他三根弦上把曲子演奏完。」

是的，我們總希望自己的人生平安順利，可是困難、挫折、不幸總會源源不斷地出現。我們不禁感歎：「生活怎麼會這樣？」正如歐利・布林所說，這才是真正的生活。真正的生活，不會因為你的A弦斷了而終止。

所以，無論狀況如何糟糕，你都必須堅持下去，把人生的道路走完，把人生的曲子演奏完。

人生就像一場賭局。每個人的牌都不盡相同。好牌在手的盡可高聲歡唱，但不好不壞的，甚至壞的，也沒必要唉聲歎氣。畢竟你的抱怨於事無補，還耗損心力，所以與其牢騷滿腹，不如用這些精力來想一下，如何打好手上那些牌。

美國優秀小說《湯姆叔叔的小屋》中，湯姆叔叔的原型喬賽亞・亨森是一名黑奴。他歷盡曲折道路，戰勝重重逆境而獲得人生自由和經營上的成功。

後來，坎特伯雷主教問他：「先生，你是從什麼大學畢業的？」

亨森回答道：「逆境大學。」

「逆境大學」多麼鏗鏘有力的回答。喬賽亞・亨森正是將挫折當成人生最好的教材，不斷學習和突破。

現代社會競爭越加激烈，生活的壓力也將越來越大。這種挑戰與壓力使我們隨時隨地遭遇逆境。如果在困境裡灰心、憤怒、絕望，消極地悲歎命運的不公，那將毫無益處。只有認真對待逆境，逆境才會消失。

當命運的琴弦突然斷了，當黑暗突然來臨，我們需要的是重新站立的勇氣，是堅持不懈的奮鬥。生活在繼續，我們也不能停下自己的腳步。貝多芬由於貧窮沒能上大學，十七歲時患了傷寒和天花病，二十六歲不幸失去了聽覺。在這種情況下，貝多芬沒有被困境打到，反而發誓「要扼住命運的咽喉」。在與命運的頑強搏鬥中，他的樂曲創作獲得了豐收。

逆境就像狼。狼來了，有人死於狼口；但是，在同樣的情形下，也有人得到了一張狼皮……所以，身處逆境，我們不能放棄。從逆境中看到積極的影響，發現其中的機遇，變逆境為順境，才能一步一步激起自己的鬥志和潛能，使我們向著希望和夢想邁進。

農夫買下一片農場後就覺得非常沮喪。因為那塊地既不能種水果，也不能養豬，能生存的只有白楊樹及響尾蛇。這使一向開朗的他都不禁難過了。

在這樣的情況下，他想到一個好主意。他在自己的農場裡養響尾蛇，然後做響尾蛇肉罐頭。不久，他的生意就做得非常好。

這個村子現在已改名為響尾蛇村，是為了紀念這位把「有毒的檸檬」做成了「甜美檸檬水」的先生。

偉大的心理學家阿佛瑞德・安得爾說：「人類最奇妙的特性之一就是『把負變為正的力量』。」環境越惡劣，越能鍛鍊一個人的意志和聰明才幹。無論在順境，還是逆境中，我們都要堅持不懈，一如既往地追求自己的事業。這樣才能獲得了輝煌的成功。

所以，當你身處逆境時，不要悲觀失望，換個角度去思考，說不定就能發現其中隱藏的機遇，也許從此改變你的命運。機會是給有準備的人的，更是給予那些善於開動腦筋，在逆境中看到希望，危機中看到轉機的人。

只有不斷嘗試，才能找到自己的人生使命

抱怨解決不了任何問題。只有調整心態，積極行動，主動尋找擺脫困境的方法，全力以赴去做更多努力，那樣才能度過風雨天，贏來屬於自己的彩虹。

人活著就必經現實殘酷的洗禮，才能成長。很多人在遇到挫折、身處困境的時候，只會抱怨命運不公平和憤慨社會無情。俗話說：「一千句抱怨的話，也抵不上一個努力改變現狀的念頭。」所以，能改變你的現狀的是勤奮拚搏而不是憤怒抱怨。

拿破崙的父親是一個極高傲，但又十分窮困的科西嘉貴族。他把拿破崙送進一所貴族學校。在學校裡，那些真正有錢有勢的貴族子弟都嘲笑拿破崙。面對這種譏諷，拿破崙雖然憤怒，但他無力反抗，只能屈服在這些人的淫威之下。

後來，拿破崙實在受不了了，便寫信給父親。他說：「為了忍受這些貴族孩子的嘲笑，我實在疲於解釋我的貧困了。他們唯一高於我的便是金錢。至於說到高尚的思想，他們遠在我之下。難道我應當在這些高傲的人之下謙卑嗎？」他父親的回答十分簡單：「我們沒有錢，但是你必須在那裡讀書。」因此，拿破崙發誓要做出一番成就，讓那些嘲笑他的貴族子弟看看，證明自己比他們強。

等拿破崙到了部隊，他發現了機會：他的同伴正在用多餘的時間追求女人和賭博。而此時他決定埋首讀書努力和他們競爭。他住在一個既小又悶的房間內，他孤寂、沉悶，但是他不停閱讀。他想像自己是一個總司令，將科西嘉島的地圖畫出來，在地圖上清楚指出哪些地方應當佈置防範。

不久，他的長官發現拿破崙的學問很好，便派他在操練場上執行一些任務。這是需要極複雜的計算能力。他的工作做得極好，於是又獲得新的機會。拿破崙終於用自己的勤奮改變了處境，並開始走向成功。

所以，那些偉大的人物從來不承認生活是不可改造的。他也許會對當時所處的環境不滿意，不過他的不滿不會使他抱怨和不快樂，反而使他充滿熱忱，湧出一股力量去改變困境，成就自己。

正如一位哲人說過：「世界上能登上金字塔的生物只有兩種，一種是鷹，一種是蝸牛。不管是天資奇佳的鷹，還是資質平庸的蝸牛，能登上塔尖，極目四望，俯視萬里，都離不開兩個字——勤奮。」勤奮正是成功的敲門磚。

肯亞的長跑選手達尼爾•科勒出生於東非高原的一個偏僻鄉村。他堅持每天都跑上二十多公里路上學、回家。當他在國際長跑舞臺屢創佳績時，很多人都以為這樣的成績來自於非凡的天賦，卻鮮有人知，天賦的背後是驚人的勤奮。

與其花時間去抱怨命運，痛斥心中的不平，還不如放下這些壞情緒，擺正心態，認清現實，努力奮鬥，去創造自己夢想的生活。苦難就是一所磨礪人的大學。聰明的人就會放下無謂的埋怨，懂得把現實生活的苦痛轉化成奮鬥不竭的動力。所以，成功總是屬於那些勤勉堅韌的人。

沒有一種冰不被努力的陽光融化，沒有任何一種困境不被勤奮的拚搏衝破。當我們身處逆境，面對挫折的時候，無休無止地抱怨是於事無補的；不如打起精神，在黑暗的世界裡，以自信為光，以夢想為目標，用我們的雙手雙腳去開創人生。走出沼澤，改變困境，我們需要的是永不放棄，是勤奮，是堅持不懈的努力。

仇恨並不能化解你的痛苦

兩個人就像兩顆石頭，都帶有堅硬的尖角，若要保護自己或者友好相處，必然會刺痛對方或者被磨掉棱角。所以，面對這些傷害和折磨，我們最好的處理方法就是寬恕。淡忘仇恨，寬恕他人，這樣你才能超脫出來。

我們在人與人的相處中，有點摩擦，有些誤會，有點不快，這是很正常的。幾乎每個人都曾被別人的一言一行傷害過。這時候，我們是淡化矛盾、握手言和，還是耿耿於懷，懷著「此仇不報非君子」的念頭，使自己的心中長久留著仇恨呢？

答案不言自明。仇恨不會令你快樂，它只會日日煎熬你的心靈，阻擋你健康成長。顯然，仇恨是得不償失的。

古希臘神話裡有一個威風凜凜的大力士名叫郝格力斯。有一天，他行走在一條狹窄的山路上，突然險些被絆倒。他定睛一瞧，原來腳下躺著一只袋囊。他氣得猛踢一腳。那只袋囊非但紋絲不動，反而鼓鼓地膨脹起來。

郝格力斯惱怒了，揮起拳頭又朝它狠狠地一擊。但它依然如故，仍然越打越膨脹。郝格力斯暴跳如雷，拾取一根木棒朝它狠砸個不停，但袋囊仍越脹越大，最後將整個山道都堵得嚴嚴實實，根本無法前行了。

氣急敗壞又無可奈何之下，郝格力斯累得躺在地上，氣喘吁吁。這時，一位智者走來，見此情景，對郝格力斯的行為困惑不解。郝格力斯懊喪地對他說：「這個東西真可惡，存心跟我過不去，把我的路都堵死了」。

智者淡淡一笑，平靜地說：「朋友，它叫『仇恨袋』。當初，如果你不理會它，或者乾脆繞開它，容忍它對你的糾纏、為難，它就不會跟你過不去了。

如果一個人心中時時刻刻懷著仇恨，這仇恨就會像郝格力斯遇到的仇恨袋一樣，不斷膨脹，直到它大得足以阻擋你前進的腳步，而你早已忘記原來的方向，從此陷入無休無止的煩惱之中。

佛經云：「以恨對恨，恨永遠存在；以愛對恨，恨自然消失。」不寬恕眾生，不原諒眾生，是苦了你自己。所以，面對這些有意無意的傷害和折磨，為了你自己就寬容對方吧！

魏國宋某被派到魏楚邊境的一個縣當縣令。兩國交界的村民都喜歡種瓜。

不巧這年春天，天氣比較乾旱。魏國村民擔心會影響收成，就組織村民每天晚上到田地裡挑水澆瓜。連續澆了幾天，瓜苗長勢明顯好起來，也長高不少。楚國村民非常嫉妒，有些人晚間便偷偷潛到魏國村民的瓜田裡去踩瓜秧。

魏國村民們氣憤已極，也要去踩楚國人的瓜秧。宋縣令就耐心勸解說：「如果你們去報復，最多解解心頭之恨。可是，以後呢？他們也不會善罷甘休。如此下去，雙方互相破壞，誰都不會得到好收成。」村民們皺緊眉頭問：「那我們該怎麼辦呢？」宋某就說：「你們每天晚上去幫他們澆地。結果怎樣，你們自己就會看到。」

村民們只好按照宋縣令的指示去做。楚國村民發現魏國村民不但不記恨，反倒天天幫他們澆瓜，慚愧得無地自容。

這件事上報到楚王那裡。楚王原本對魏國虎視眈眈，聽了此事，深受觸動，甚覺不安，於是，主動與魏國和好，並送去很多禮物，對魏國有如此好的官員和國民表示讚賞。

正如哲人曾說：「寬容是一種仁愛的光芒、無上的福分，是對別人的釋懷，也是對自己的善待。」寬容他人，就是拯救自己。只有寬容他人的不是，才能讓你自己快樂。時刻仇恨那些折磨你的人，你的心靈哪裡還有空餘盛裝幸福？

CHAPTER 04

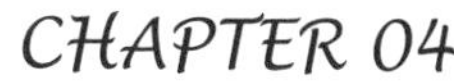

你有更值得關注的事情，何況失去的只是一部分

一個人扛著瓦罐趕路，不小心將其掉在地上摔碎了。他頭也不回地繼續向前走。路人問他為什麼不回頭看看？他說：「從肩上掉下去肯定會摔得粉碎，我看它又有何用？我還有更重要的事要做，不該浪費時間逗留於此。」是的，有些東西如果已經失去，不要坐在那裡痛哭緬懷，因為你還有更重要的事要做。

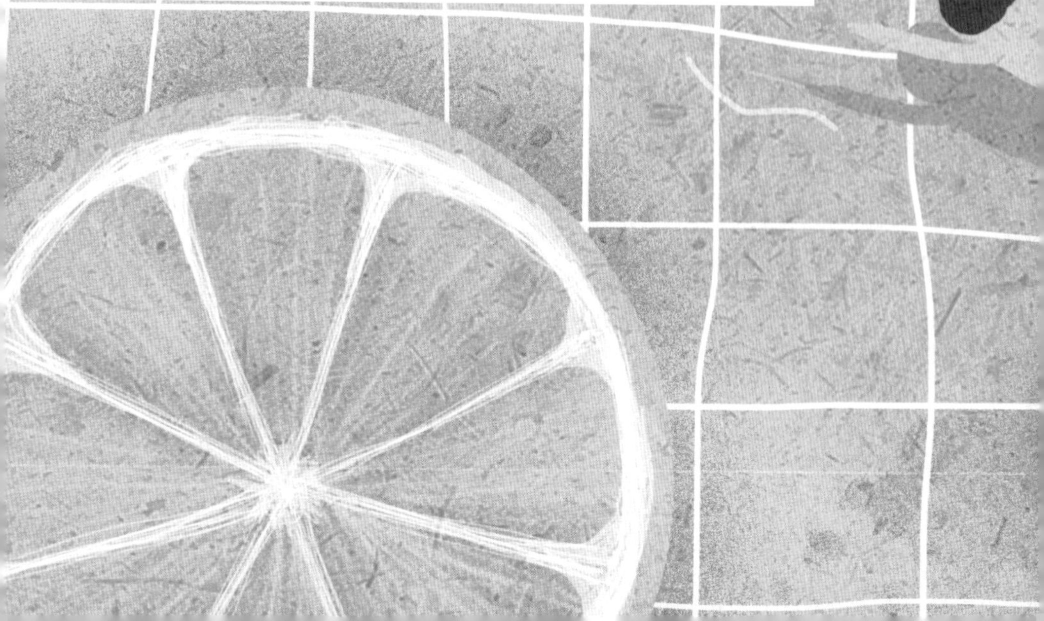

何必總是活在悔不當初的情緒中

絆倒了，再回頭欣賞那個絆倒你的坑，就算再怎麼責備自己悔不當初，也只是徒勞，毫無意義，不如站起來，拍拍塵土繼續前行。

生活中，我們遭遇挫折和失敗都是在所難免的。如果我們總是對過去那些傷心事耿耿於懷、念念不忘，那麼未來也就成了過去的附屬品。年華似水，過去的就讓它過去吧，何必停在原處與過去的失敗過多糾纏。向前眺望才是成功的方法。何況，你還有更值得關注的事情。放下過去，把精力花費在你真正需要認真對待的事情上，才能在未來的路上收穫更多。

冬奧會中，一位賽前最被看好的選手居然臨到終點因錯過了一個標杆而未能計分。記者訪問他：「明天，你還有另一場比賽。今天的失誤，會不會對你造成心理影響？大家都看好你，你如果輸了，怎麼辦？」

選手一笑：「你知道我等這場比賽等了多少年嗎？我從小練習滑雪，九歲就立志來奧運。我好像生下來就準備這場比賽，何必回頭去想失敗呢？」他斬釘截鐵，一個字一個字地說，「我是來贏得比賽的！」

是呀，何必回頭去想失敗，我們應該大步前進，不管過去的幸福與傷痛，那些都已成為回憶，又有什麼值得黯然傷神？生命的樂章總在繼續，欲語還休又奈何，倒不如閉上眼，讓它隨風而逝！

這就好像我們玩套圈遊戲，投出第一個沒有套中，當我們投第二個的時候，心中若還停留在回想第一個塑膠圈失利的畫面，就會在潛意識裡不斷暗示自己：「這個可能也投不中。」如此我們不可能套中心中想要的禮物。與其如此，還不如哈哈一笑，忘掉第一次失誤，開始調整策略，量定力度，瞄準目標再來一次。說不定就會有意想不到的收穫。

佛蘭克・盧佩博士患有風濕病，躺在床上不能起來。這樣的痛苦日子持續了整整二十三年之久。可是人們都說，他們從來沒見過哪個人能像盧佩博士那樣無私地好好過日子。

患病期間，佛蘭克・盧佩博士搜集了許多病人的姓名和住址，給他們寫熱情洋溢的鼓勵信，使他們高興，同時也激勵自己。他由此創立了一個專供病人通信的俱樂部，使病人之間能夠通過信件往來聯絡彼此。最後，這個俱樂部不斷壯大，成為一個全國性的組織，也就是「病房中的社會」。

盧佩博士沒有與其他人一樣抱怨這個世界，沒有讓自己浸在過去的傷痛。他放下過往，憑藉著對未來的希望和自己內心的堅韌，以愛為支點，支撐著自己去實現心中的目標。他為需要幫助的人效勞，並且從中獲得快樂。

何必回頭去想失敗；何必浸泡在哀怨的污水裡。睜開雙眼，好好看看這個世界，看看自己，你就會知道，要想成功地走出陰霾，實現自己最初的夢想，就不必執著於過去的失敗。關鍵是當下，關鍵是放下包袱，在總結經驗的基礎上，堅定信心，鼓足勇氣，敢於戰勝自己，敢於獲取勝利。

劉墉曾經說過：「用明天成功的快樂，去療治你昨天失敗的傷痛。而別把昨天失敗的傷痛，帶到今天，造成你明天再一次失敗。」

劉墉的兒子因為沒看清題目考了五十分，然後他每天都不斷為自己的分數找理由，並且因為這件事情很容易生氣和不開心。劉墉知道之後說道：「人生有無數個考試。你也應該立刻放下心裡的不安與不平，面對下一個戰鬥，而不是一直回頭怨歎。要知道，摔下坑的人，如果一路走，一路回頭看那個坑，只可能再摔下另一個坑。孩子，你要站在坑邊，看清楚，想清楚，得到教訓，接著便面對自己前面的路，再也別回頭！五十分已是無法改變的事實。但是如果你以後能因此不再粗心，接下來考許多個一百分，那這個五十分又算得了什麼呢？」

誠然，人生就是考場，我們必須經歷無數個考試。所以，你不需時時刻刻回想自己上一次考試的失利了，立即放下自己心中的不安和怨歎，因為我們需要調動自己的所有，鼓足幹勁，踏上新的征途。

學會接受「失去」

當面對擁有時，我們能泰然處之；但面對失去時，我們是否能夠一切隨緣呢？其實，我們每天都在失去，失去是無法抗拒的，我們應該遵循這個法則，去直面失去，去認識失去，在自然而然的心境中接受失去。

人生如月，有陰晴圓缺。當它處於缺時，我們不得不面對失去的不幸。哪怕它打破了我們的美好生活，哪怕它奪走了我們最珍貴的東西，但失去就過去了，失去的永遠找不回來。所以，不要為過去哭泣，要學會接受現實，不管得與失，都要讓自己活得安然而精彩！

有位記者去採訪一位年逾古稀的老人。也住在偏僻山莊裡一座低矮的茅草屋，這位老人靜靜坐在屋前向記者訴說牠他以前的經歷。

童年他就失去了父親，年少時又失去了親愛的母親；成家之後，妻子不幸染上絕症，撒手人寰！之後他去山澗採草藥摔斷了一條腿，到老的時候又因車禍失去兒子，現在孑然一身。

但這位老人說話平和。過往的一切在他看來如浮雲。他說：「重要的是我現在還活著，每天還能見到陽光和小溪，還有那靜靜的大山，都使我留戀。每年清明，我都會牽著小狗在我的父母、妻子、兒子的墳前，向他們講敘今天的生活，我不會寂寞，我會為他們而活得堅強，也為我自己。」

遇到這樣不幸的人生，面對這樣慘痛的失去，你該如何呢？是抓住失去的不放，終日萎靡不振呢？還是如老人這樣接受失去、坦然處之呢？

每個人都想擁有自己所喜歡的人或事物，當失去的時候，也許用堅強掩飾，也許以痛哭求解脫。我們離不開現在擁有的，捨不得放棄失去的。失去的情感或人就像一個風箏，我們就如那放風箏的人。總有一天，風箏會飄離我們的視線，或永遠離我們而去。痛楚讓我們無法挺起胸膛，失落讓我們無法正視陽光。任你追逐、反抗、掙扎、挽留，它都再也不會回來。

每一個人都是在經受「失去」中逐漸成長：在失去娘胎的保護後來到這個世界上，開始獨立的生活；而後進入學校學習；結了婚，有了孩子，組成自己的小家庭；孩子長大了，又只能看著他們遠走高飛；接下來的日子，要面臨雙親的謝世；面對自己的逐漸衰老；最後，還必須面對不可避免的死亡。

過去的一切生活，生活中的一切夢想都將隨著生命的逝去而消失！所以，與其糾結於失去，不如坦然接受失去。放下已然失去的，才有空間迎接新的獲得。

格林夫婦帶著兩個兒子在義大利旅遊，不幸遭劫匪襲擊，七歲的長子尼古拉死於劫匪槍下。就在醫生證實尼古拉的大腦確實已經死亡的半小時內，孩子的父親格林立即做出決定，同意將兒子的器官捐出。

四小時後，尼古拉的心臟移植給了一個先天性心臟畸形的十四歲孩子；一對腎分別使兩個先天性腎功能不全的孩子有了活下去的希望；一個十九歲的少女，獲得了尼古拉的肝；尼古拉的眼角膜使兩個義大利人重見光明。就連尼古拉的胰腺也被提取出來，用於治療糖尿病……尼古拉的臟器分別移植給了必須救治的六個義大利人。

「我不恨這個國家，不恨義大利人，我只希望兇手知道他們做了些什麼。」格林夫婦失去了自己的親人，但事件發生後他們所表現出來的自尊與慷慨大度，令全體義大利人深感羞愧。

人生猶如鐘擺，總是在得到與失去之間來回擺動。正如在追求中，我們不可能什麼都得到，失去的已經失去，也許今生都無法再得到。對於已經失去的，不必斤斤計較，逝者不復來，眼淚和嘆息不會感動上帝，也不會使人生增值。唯一可做的是接受現實，勇敢、樂觀地迎接新的生活。這樣，失去的同時你也在獲得。

失之東隅，必然收之桑榆。在得與失之間，我們無須不停徘徊，更不必苦苦掙扎。我們應該用一種平常心來看待生活中的得與失，要清楚對自己來說什麼最重要；放下過去，敞開胸懷，學會接受已然失去的，把眼光放得更加長遠，不懈地追尋心中的夢想。

人生本來就是有得也有失

人生有得必有失。不過，我們往往計算自己損失了多少，卻很少發現自己收穫了什麼。失去的無法挽回，要想真正計算人生的得失和生活的幸福度，我們更要算好自己收穫了多少。

凡事都有兩面，失去不意味著沒有得到。或許我們從中得到的比失去的更多。只是我們過於在乎那些已經失去的東西，才沒有發現自己的所得。因而我們在得與失之間應學會參悟，既計算自己損失的部分，也衡量自己收穫的部分，並努力學會把失去轉化成新的獲得。

有個小山村位於海邊，村前是大海，村後是座高山，山下有幾百戶人家和一座寺廟，山上住著爺孫倆。

正是收穫的季節，空氣炎熱平靜。老人警覺這是地震的前兆。他提醒村民，但村民都不以為然。過了幾天，他看到海水突然變黑，海岸狹窄的曲線變得越來越寬。他知道這是海嘯即將來臨。這時候想要到山下通知村民已經來不及。老人急中生智，叫孫子馬上點燃將要收穫的稻子。山下寺廟裡的和尚看到山上的濃煙，馬上敲響寺裡的警鐘。村民聽到鐘聲，紛紛聚集起來向山上走去。

到山上一看，老人的稻穀已付之一炬。孫子告訴大家，是爺爺故意放火燒稻穀的。村民抱怨了起來。老人沒有辯解，他將手指向大海。大家順著他手的方向一看，驚呼「海嘯」！隨後，瘋狂的海水淹沒了村莊。這時大家才明白老人燒掉糧食，是為了拯救全村人的生命。

很多時候我們把失去的東西看得太在乎了，然後就有太多的追憶和懊悔。但是，我們忘記了一件事：失去某些東西，必將意味著新的獲得。就好比失去一段感情，只能說是失去了一個不愛自己的人，或者是一個不值得自己喜歡的人。失去這個不好的，才會遇見更值得自己愛的人，不是嗎？若是一味計較已經失去的，那你何時才能從這段感情中收穫被愛和愛人的經驗，何時才能步入下一段戀情？也許下一個他才是你的真命天子。只顧沉湎於這段失去戀情的痛苦回憶中，那可能會錯過真正屬於自己的愛情。

畢竟「塞翁失馬，焉知禍福」！一個運動員參加比賽就算沒能拿到獎項，他仍獲得了比賽的快樂、賽場的經驗、個人的成長甚至技術的進步；一個商人事業失敗了，或許換來家庭和睦、幸福。

二〇〇三年四月二十六日，二十七歲的亞倫·拉斯頓一個人來到猶他州藍約翰峽谷登山。拉斯頓在攀過一道三英呎寬的狹縫時，一塊大石頭擋住了去路。拉斯頓試圖將這塊巨石推開。巨石搖晃了一下，猛地向下一滑，將拉斯頓的右手和前臂壓在旁邊的石壁上。

忍著鑽心的劇痛，拉斯頓使勁用左手推巨石，希望能將手臂抽出來。然而石頭彷彿生了根一般固定住。在做了無數次努力之後，精疲力竭的拉斯頓終於明白，單憑自己一個人的力量絕不可能推動巨石，只能保存體力等待救援了。

然而，這裡人跡罕至。幾天之後，壺中的最後一滴水也被他喝光了。

五月一日早晨，饑腸轆轆、渾身無力的拉斯頓從睡夢中醒來時終於明白，再等下去只是死路一條，想活命只能靠自己了。

拉斯頓心裡清楚，把自己從巨石下解放出來的唯一辦法就是斷臂。拉斯頓已經別無選擇了。由於刀子過鈍，在難以形容的疼痛和失血的半昏迷狀態下，拉斯頓先折斷了前臂的橈骨，幾分鐘後又折斷了尺骨……整個過程大約持續一個小時。

由於大量失血，拉斯頓近乎昏厥，然而他仍堅持著給自己被切斷的右臂做緊急止血處理。流血止住後，拉斯頓憑藉強烈的求生意志徒步走出峽谷。

危急時刻，拉斯頓選擇放棄手臂。只有如此，他才能拯救自己的生命。

人生禍福相倚，有得必有失，有失也有得。失去的就讓它失去，我們更要在意的是我們從失去和挫敗中收穫了什麼。其實，我們應當這樣計算人生：正確看待已經失去的，保持平常心，不斷從失敗中獲得成功的經驗，發現我們收穫的，挖掘我們真正擁有的，珍惜所有。

你是富有的，因為你還能走路

很多時候，我們習慣性把富有定義為金錢名利的富足。同時，我們也往往只看自己沒有的或者自己已經失去的。可是大家都忽略了自己所擁有的。我們所擁有的，也許微少，也許普通，但正是它們證明了我們的富有。

一個護士有一天帶著故事書和玩具到兒童病房為小朋友講故事。一個全身癱瘓的小女孩說她想聽「哆啦A夢」。護士講了幾個哆啦A夢的故事。小女孩聽到哆啦A夢有個無所不有的口袋，突然好奇想看護士口袋裡的東西。護士從口袋裡只掏出了兩個一塊錢的硬幣，然後不太好意思地說：「我口袋裡沒有什麼錢呢！」

小女孩看了看硬幣，然後抬頭看著護士說：「大姐姐您的口袋裡雖然沒有什麼錢，但您有一雙會走路的腿，所以您是富有的，因為可以走路！」

護士聽了小女孩的話，愣了一下，因為她從來沒有想過擁有健全的四肢有什麼特別的。她突然感到自己能自由走路是多麼幸福。她回答小女孩說：「你說得對。我真的很富有呢！」

護士接著對小女孩說：「其實你也很富有哦！因為你有著美麗發亮的眼睛，還有健康的雙手。」

這時，小女孩笑了，說：「是啊，我只看到自己沒有健康的腿，卻沒想到我還有這麼好看的眼睛和靈巧的雙手！」

也許我們從來沒有在意，我們的雙腿可以給我們帶來行走的自由；我們的眼睛可以讓我們收穫這個世界的五彩繽紛；我們的健康的身體可以讓我們快樂成長……這些普通卻珍貴的事物，才是我們發現並創造幸福的淵源。

謝坤山十六歲在工廠工作，因碰觸高壓電線而發生意外，失去了一隻腳。在家人的鼓勵之下，謝坤山並沒有自暴自棄，通過艱苦的學習和不懈的努力，最終成為臺灣知名的職業畫家。之後，謝坤山為了回報社會，常在慈濟醫院當志工，幫助那些對生活絕望的人。

有一次，一個女人在一場突如其來的瓦斯爆炸中失去了丈夫。她本人也被重度燒傷，原本美麗的面孔扭曲變形，變得猙獰恐怖。最痛苦的是她八歲的心肝寶貝女兒現在見了她就嚇得哇哇大哭，再也不敢靠近她。

謝坤山認為她沒有好好愛自己。看女人不解的樣子，謝坤山說：「假如這場意外不是發生在你身上，而是發生在你女兒身上，你願不願意代替她承受這個傷、這個痛、這個苦？」女人使勁點頭：「我願意！我願意！我絕對願意！」

謝坤山說：「我相信你願意，我絕對相信你願意。請回頭看看，此刻就站在你身後的媽媽。」她的身後，正在給她梳頭的母親，眼中的淚水正奪眶而出。

「你的母親又何嘗不願意代你受這個傷、這個痛、這個苦？可是，她能嗎？」

母女兩人再也忍不住，淚水像決堤般噴湧出來，哭成一團。

當謝坤山下次見到她時，她已經換了一個人，臉上有了笑容和神采，並且願意和謝坤山一同去關心和激勵其他的病友。

謝坤山知道，她已經放下包袱並且明白：不管遭遇到什麼，其實我們擁有的永遠比失去的多。

是的，我們總是為自己失去的耿耿於懷，輾轉反側，卻忘了回頭看看我們身邊所擁有的。怨天尤人、自暴自棄都是於事無補的。面對失去，更重要的不是珍惜嗎？你失去的只是一部分，最壞也不過如此了，那就在挫折中找到希望、找到勇氣，發憤圖強、越挫越勇吧！

天有不測風雲，人有旦夕禍福。當我們遇到困難時，要利用我們的智慧、毅力勇敢克服。最重要的是告訴自己，除了已然失去的那些，我們還擁有很多，擁有愛，擁有希望和不竭的勇氣，擁有堅定的信念和美麗的夢想。想到此，我們甚至會發出內心的微笑。

要輸得起，才能贏得起

人生在世，可怕的是輸了就失去了信心、勇氣。被一次失敗打倒，就失去了贏的鬥志，會離贏越來越遠。相反，輸得起就可以重新再來，從自己的失敗中吸取教訓，總結經驗，繼續努力奮鬥，必然可以重新再贏。

古人常說：「勝敗乃兵家常事。」人生這場博弈，不也正是如此嗎？沒有永遠的輸家，也沒有永遠的贏家。要保持平常心，輸得起，這樣你才能贏得起。

二〇〇八年溫布頓網球公開賽中，鄭潔這個排名世界一百三十三位的外卡選手一路橫掃數名種子選手，頑強挺進了半決賽。在溫網一百三十一年的歷史上，這是破天荒第一次。

在擊敗頭號種子伊萬諾維奇的賽後採訪中，鄭潔回應道：「今天我打得非常放鬆，每個球都打得很放鬆，每個球都打得很好。」記者詢問：「你為什麼可以這麼放鬆？」鄭潔說：「因為她是頂尖球員，所以我覺得我不會贏，我是來享受比賽的。但是，比賽結束前我有點緊張，因為我發現居然要贏了。」

鄭潔就是這樣帶著輸的心情去比賽，認為輸了那是正常，贏了才叫意外。可是正是這種輸得起的心態，才有了她意想不到的贏。

其實，在爭取成功的道路上，越是恐懼失敗，失敗越是如影隨行。原因就在於一個人如果顧慮太多，就會患得患失，判斷和決策出錯的概率就會越高，那偏差就會越大。相反，若你能坦然面對輸贏，心裡放鬆了，就能正常，甚至超常發揮。

第十二屆室內田徑世界錦標賽六十米欄決賽中，劉翔以七·四六秒摘得金牌。在賽後他說：「我的心情很平靜，沒想到奪冠。我起跑不快，但我也不知是怎麼糊裡糊塗後來居上的。我賽前只將目標定在自我突破，沒想到會意外拿下了首個室內賽的世界金牌。」

失敗是必然存在的。承認這個事實，接受它，並且透過輸去贏得成功。心無旁騖，才能平靜坦然，才能減少心靈裡的噪音，全神貫注地瞄準目標。在二戰期間，一個飛行員身負重傷，被醫生宣佈必死無疑，但他卻神奇般地活了下來。他說：「現在能多活一天，都是撿來的，所以我無所顧慮。」戰後，他開創了自己的事業並獲得成功。而經驗就是他從不考慮輸贏成敗這些與工作無關的任何影響因素，只專注於做好每一件事。

所謂成功的人生，成功只是總體趨勢，而失敗是其中必不可少的部分。輸是人生的常態，真正的贏是輸了之後的贏。要輸得起才能贏得起。輸不起的人認為一旦輸了就墜入失敗的深淵。其實不然，輸得起是人生的一種境界。做人要贏得起，更要輸得起。

誠然，人生總會遇到挫折。這些挫折就是我們人生中的障礙賽。不妨想想拿破崙，他指揮的所有戰役中有三分之一是以輸告終，但這並不妨礙他成為最偉大的軍事家。重點是，我們要在輸中總結經驗教訓、揚長避短、不斷學習，以便使自己不斷地進步，最終才能成為贏家。所以，如果你輸得起，那麼就開始挑戰命運，開啟你的新人生吧！

失去太陽的時候，就主動去擁抱星星

印度詩人泰戈爾在《飛鳥集》也寫道：「如果你為失去太陽而哭泣，你也將失去星星。」所以說，錯過了太陽，也不必痛心，不如主動去擁抱星星。

很多時候，我們容易沉浸在現有的快樂，久久陶醉而不能自拔。當這快樂突然消失，我們茫然不知所措，為失去的快樂陷入苦悶的深淵，卻沒有發現在生命中的其他地方還有更多快樂等待著我們去感受。追悔已然失去的過去，只能讓我們錯過美好的現在。同樣道理，如果當下的快樂你已經錯失，那何談未來，何談明天？

英國首相勞合・喬治有一個習慣：隨手關上身後的門。

有一天，喬治和朋友在院子裡散步。他們每經過一扇門，喬治總是隨手把門關上。「你有必要把這些門都關上嗎？」朋友很是納悶。

「哦，當然有必要。」喬治接著說，「我這一生都在關我身後的門。你知道，這是必須做的事情。當你關門時，也將過去的一切留在後面，不管是多麼美好的成就，還是讓人懊惱的失誤。然後你才可以重新開始。」

當你關上身後的門時，也將過去的一切留在門後，不管是得失還是榮辱。然後，你就可以重新開始。

我們從昨天的風雨裡走過來，身上難免沾上灰塵，心中多少會留下一些酸楚的記憶，這是不能完全抹掉的。我們需要總結昨天的失誤，但我們不能對過去了的失誤和不愉快耿耿於懷，因為傷感悔恨都不能改變過去。只有放下昨天的包袱，你才能輕裝上路，走向明天。

一九二四年，一場大火把美國傢俱商尼科爾斯的家燒了個精光，其中包括他準備出售的傢俱。尼科爾斯面對滿地狼藉，一片廢墟，痛心不已。

但是，他沒有讓這樣的悲傷停留太久，而是接受了已然發生的事實，因為他明白再怎麼追悔也無法救回已經失去的傢俱及資產。所以，他想盡一切辦法，改變現狀。不甘心的他四處尋找，希望還能找到一點什麼。忽然，一塊已經被燒焦的紅松木吸引了他的注意。它的形狀很獨特，而且上面還有漂亮的木紋。

尼科爾斯用一塊碎玻璃小心翼翼地刮去紅松木上的沉灰，用砂紙打磨光滑，又在上面塗了一層清漆。最後，他看到了那塊燒焦的紅松木呈現出一種溫暖的光澤和特別清晰的木紋。他忍不住驚喜地狂叫起來。此後，尼科爾斯獨具特色的傢俱像一隻浴火鳳凰一樣蓬勃興起。他的生意也因此變得更為興隆。

其實，當一件失敗的事情不可避免發生之後，智者全當它沒有發生。就如下棋，你可能下了一步錯棋，只要靜下心來，總結失誤，抓住機遇，也許還有翻身的可能；若是一味地惦念自己的失誤，放不下過去，那麼就算有下一盤棋局，你也可能會再次敗北。俗話說：「為誤了頭一班火車而懊悔不已的人，肯定還會錯過下一班火車。」

我們都知道一句古諺：別為打翻的牛奶哭泣。可是，為什麼還有那麼多人為打翻的牛奶哭泣呢？因為，我們總是害怕失去，總是不肯放下過去，而更重要的是忘記我們可以獲得更多。如果勇於承受這些損失，我們才有機會把我們的生命投向無限的未來。

所以，要想成為一個快樂成功的人，最重要的一點就是記得像喬治一樣，隨手關上身後的門，學會將過去的錯誤、失誤通通忘記，不要沉湎於懊惱、後悔之中，一直往前看。這時你會發現，每一天的太陽都是嶄新的，每一天的人生都是燦爛的。

頹廢，是害死夢想的毒藥

挫折困厄並不可怕，可怕的是自暴自棄，失去了走出困厄的信心。哲人曾說得好：「只有在困厄的鐵砧上不斷錘煉，才能鍛造出鋼鐵一樣的品質。」

人身處困境時，面對挫折，一是難以忍耐，一是容易自暴自棄。但是，真正的強者不因幸運而固步自封，也不因厄運而一蹶不振。所以，當我們處於逆境時，要擺正心態，走出頹廢的泥沼，自強不息，這樣才能懷抱心中的夢想，一步一步地去實現；反之，只會離夢想越來越遠。

不久前，明珠接到了被哈佛拒絕的消息。她的感覺就像作噩夢一樣，想說話卻已開不了口。這一年來，明珠一直在努力，為報考哈佛作準備。

她的考試成績接近滿分，平時的各項表現都很突出，連教她的導師都堅信她能考上。這一切的一切都使她自信又從容地完成自己的面試⋯⋯

然而，結果卻讓明珠大失所望。她變得很頹廢，從此一蹶不振，再也無法相信什麼天道酬勤，再也無法為了夢想而努力⋯⋯

我們之所以不快樂，是因為我們不肯放下過去。面對失去和困難，沉溺於其中無力自拔，耽於每日想像過去的種種不幸，以及對未來的不可估量，我們何時才能輕鬆上路繼續向前？丟掉那些因為失去而衍生的哭泣、煩惱，不要因此背上沉重的包袱，我們才能奔向夢想的道路。

其實，現代社會競爭如此激烈，當我們獲得成功的時候，也有很多人在競爭中失去了獲勝的機會。可是每個人都要面對這樣殘酷的現實。既然是競爭，必定就有輸贏。對於任何結果，在事先我們都要有心理準備。贏了不狂喜，輸了也不失去自信，這才是我們面對人生的正確處世態度。對於人的成長來說，結果固然重要，但最重要的還是人在挫折面前所具有的承受能力。比過去更加重要的是現在和未來。拒絕頹廢，就是拒絕飲下害死夢想的毒藥。

清末期間，有個叫蘇燦的人，如同普天下男子一樣，他人生所求只有兩件事，在武術上，他希望自己精益求精，達到武術最高境界，創出一套傳誦後世的獨有武術；另外，他有一個幸福美滿的家庭，希望自己克盡丈夫職責，與他心愛的妻子長相廝守。

可是，事與願違，昔日的仇人回來復仇，父親慘遭殺害，自己也被廢了武功。雖然妻子小英把他救走，但面對不能再習武的現實，蘇燦意志消沉，每日用酒精麻痹自己。

幸好他遇到了武神。在妻子的支持下，他與武神連番比武，最後，終於重新找回信念，練就了高強的武功，成為醉拳的鼻祖。

所謂「勞其筋骨，餓其體膚，空乏其身，行拂亂其所為，所以動心忍性，增益其所不能」。古來偉人身處困窮最後能夠發達的原因，就是能耐過這段困苦的日子，不因為困厄而頹廢。人能不耽於回想過去，只有看淡得失，心志堅強才能耐得住困苦。

遭遇困厄的人，如果在困厄之時對未來充滿信心，能以不服氣的精神去挑戰，如此才能有飛躍的進步而超越困厄。總之，命運掌握在自己的手中，鼓足信心，擺脫頹廢，才能重拾夢想。

增強你的挫折「復原」能力

遭遇挫折和陷入困境時，為什麼有些人能堅強地挺過來，有些人卻沉湎於絕望的情緒之中，從此頹廢下去？這取決於一個人在挫折面前的復原能力越強，那麼他的生存能力就越強，就越加容易戰勝困難，沖出逆境。

沒有一片海域沒有波瀾，沒有一個人的人生不會遇到挫折。其實人生的挫折就像海上波瀾一樣自然。同樣，在大海上航行的船沒有不帶傷的；而在生活中旅行的我們，受到傷害也是必然的。我們要做的，不是糾結於這些挫折帶來的不幸，擴大傷口，放大痛苦甚至沉淪；而是應該變消極心態為積極心態，想辦法擺脫失敗、挫折帶來的痛楚心理，讓自己堅強起來，如此才能勇敢地搏擊風雨。

誠然，人們每天都面臨著某種程度的壓力及挑戰，但沒有人能像先知一樣料到自己何時會突然遭遇莫大的困境。因此，為了克服挫折，我們可以強化的就是挫折復原力。挫折復原力是指克服壓力與逆境的能力。有挫折復原力的人會很清楚知道發生問題時如何應對。面對這個競爭激烈的社會，挫折復原力應該延伸至每個人的生活之中，使每個人都可以運用它更好地掌握自己的生活。

很多人在遭遇失意落魄的時候，會選擇吃東西來讓自己忘掉煩悶，使自己開心起來。有人做過這樣一個實驗，從你對失意食物的選擇上，來測試你遇到挫折的復原能力。

把這些食物放在你面前：A.迴轉壽司；B.雪糕；C.巧克力甜品；D.水果；E.油炸食物；F.辣物。當你不快樂的時候，你會想吃什麼東西呢？

選擇迴轉壽司：反映你在處理不快時的冷靜心情。你懂得在時間的流逝中還有更多的事物在等你去選擇和分享。所以你很快從悲傷中站起來，因為你明白命運就像大迴轉，必有起落和得失。

選擇雪糕，代表你處理不快樂的鴕鳥心理。你很想透過凍結時間，讓痛苦消除。只是如此不斷逃避，反而會令你花費很長時間才能復原。

選擇巧克力甜品，象徵著苦中作樂，能夠把甜甜的心情蓋在痛苦的事情上，所以你也很容易從悲傷中奮起。

水果反映了你是一個很有活力朝氣的人，像太陽一樣。遭遇挫折時的不快，就像一時被浮雲遮蓋。只要稍微休息一下，很快就能復原。

選擇油炸食物，代表你會傷了再傷。你的心靈像油炸食物一樣很脆弱，並且害怕孤獨；雖然可以一時把悲傷推走，不過很快它又會回到你的心頭。

如果選擇吃辣安慰自己，可見你的悲傷大多來自於一些令你憤怒的人或事情。你會很不甘心，仇恨的時間會很長。還是來杯冷飲，解解辣吧！

遭遇挫折和陷入困境時，為什麼有些人能堅強地挺過來，有些人卻沉湎於絕望的情緒之中，從此頹廢下去，甚至採取過激的手段來求得解脫？這取決於一個人的心靈是否有「再生」的基因。一個人在挫折面前的復原能力越強，那麼他的生存能力就越強，越加容易戰勝困難，衝出逆境。

如果你具備接受並戰勝困境的能力，擁有在危難時刻尋找生活真諦的能力以及善於隨機應變想出解決問題的辦法，那麼你就是一個具有較強復原能力的人。挫折復原力有強有弱。不斷提高挫折復原力，就是不被命運擊垮，從失敗中不斷學習經驗教訓，化消極為積極的心態，擺脫自怨自艾，努力為自己製造信心和勇氣，才能使我們在遭遇挫折時挺過苦難進而戰勝苦難。

三十一歲時，蘇希生下四胞胎。她的丈夫由於不堪忍受養育四個孩子的辛勞，結果焦頭爛額的他選擇離家出走了。

蘇希沒有幫手，沒有收入，沒錢支付房租和其他開銷。她欲哭無淚，請求父母幫忙。她的父母毫無怨言地把她和嬰兒們接回家。

剛回到家裡的那幾天，她情緒很低落，躲進自己的房間不願出門，她的父母幫忙照顧嬰兒。她說：「我父親會推開我的門，好像什麼事都沒發生一樣，用輕鬆的口氣問我要喝蘇格蘭呢，還是喝威士卡？在他若無其事、鎮定自若的情緒感染下，我的情緒也慢慢好轉，開始有了笑容，並感受到他的態度正說明我經歷的一切都將過去。

「我從不允許自己去設想，如果我只有一個孩子，那我的生活該是什麼樣子？我知道那沒有任何意義。我有四個孩子，四個這麼好的孩子。我不得不接受現實。

「事情剛剛發生時，我曾經陷入一片混亂。我從不把這些當作是一件壞事，我採取了積極的態度。我給四個孩子餵奶、換尿布、洗衣服等等，每件事情安排有序，這樣我就不需要每時每刻都手忙腳亂了。」

後來，她和一個三胞胎的母親共同組織了一個全國性的團體，為多胞胎家長提供幫助。之後，一家電視公司給了她一份工作。透過這份工作積累了經驗，最終她成為一家圖片製作公司的經理。當她回顧整個事的經歷時，她說：「那是一段相當艱苦的時期。但我依然願意這樣做，因為這件事讓我經歷的好處遠遠超過了壞處。」

人生不就是「時時皆有驚奇、處處皆在改變、天天皆在創新」嗎？面對挫折不能逃避，反而更應該積極去面對，做自己的心理醫生，想辦法降低負面情緒，尋找解決問題的最好方法，讓心靈在最短的時間內得以復原。當我們不斷增強了自己的挫折復原能力之後，我們就能迎接更大的挑戰，實現人生更大的跨越！

太在意別人的看法，你會活得很累

當反對、質疑的聲音縈繞在耳邊時，你是不是開始猶豫要不要放棄自己的想法和信念？有時候，我們需要靜下心來，放下別人對自己的干擾，聽從自己內心的聲音。你行不行，別人說了不算。堅持自己，才有機會證明自己是對的。

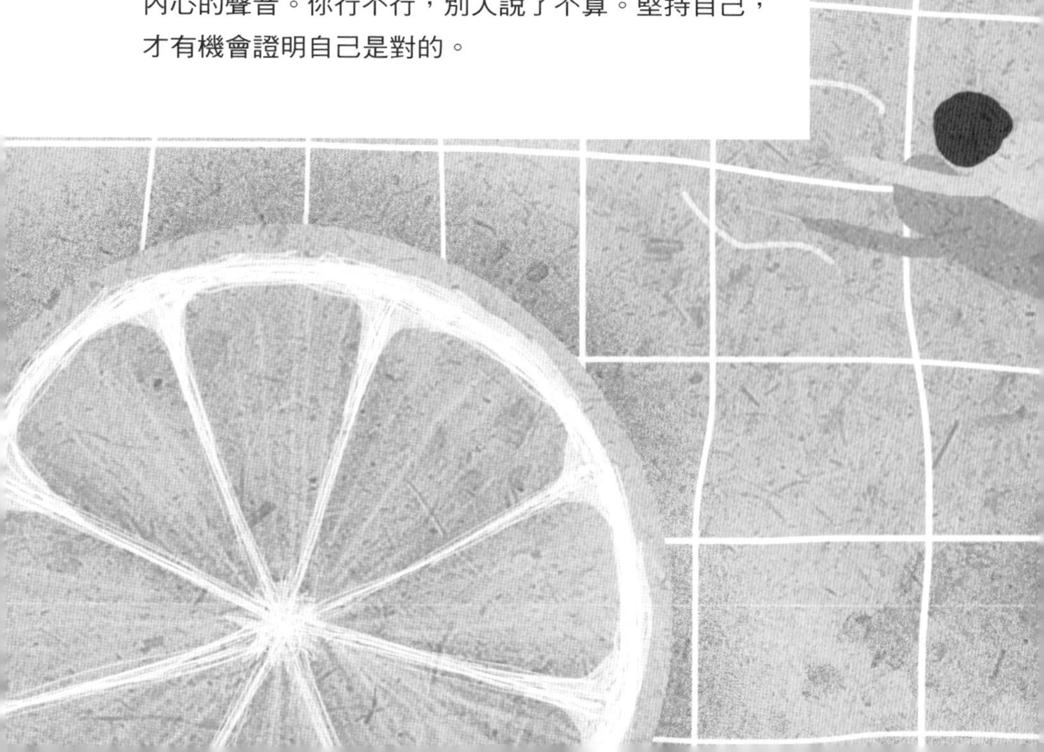

專家的話不一定是金科玉律

盲目崇拜權威，可能使我們到達不了自己的夢想之地。適當聽取別人的意見，借鑒他們的觀點，接受那些中肯的建議，可以使我們少走彎路。但是，所謂的人生導師，應該是在我們沒有出路時為我們指明方向的人，而不是替我們開路的人。

在各式各樣的官方或民間論壇、娛樂節目裡，衣冠楚楚的「專家」頻繁出現。他們縱論經濟走向，暢談養生保健。然而很多所謂專家，其實只是「磚家」。經過不斷拆穿「磚家」的面具，我們豁然明白，在現代這個社會，任何時候都不要迷信專家，不要盲目相信權威。專家的話不一定是金科玉律，甚至有人戲言「專家只是個傳說」。

王曉麗自小生活在自卑中，因為她的身高不到一百五十公分。她數次談戀愛都因為這事受挫沒能修成正果，大學畢業後找工作也很不如意，最後將就在一家小公司裡做行政人員。她作夢都想改變這種現狀。

二〇〇四年初，一則增高藥廣告讓王曉麗激動萬分。廣告上說這種神奇藥「由美國著名大學投資研製」，已榮獲「世界生命醫學『普林那尼』紫心勳章獎」，並得到「世界生命科學醫學會全球認證」。

看到最後，王曉麗更加動心。因為她不斷看到所謂「專家」、「政要」出現為此藥叫好。至此，曉麗完全放下戒心，她一下子購買了近二千元藥品，等待奇蹟發生。

但是，服藥後的曉麗始終沒有發生像「專家」宣稱的神奇增高效果。直至二〇〇五年夏天，曉麗才在報紙中看到自己買的藥是假藥的消息；那些所謂「政要」、「專家」都是廠家花錢請來的演員。

那麼，人生不也是這樣？在我們遭遇挫折迷茫的時候，當我們找不到出路的時候，當我們沒有方向的時候，我們也會習慣性地尋求專家的幫助，聽取人生導師的意見，甚至相信他們的指引是完全正確的，他們的方法是最權威的。

巴菲特的老師格雷厄姆最喜歡的投資方式就是以最低的價位購買股票，然後等到股價上漲的時候拋售，從中賺取差價。巴菲特挺讚賞格雷厄姆的這種投資理念的，並在一九六三年投資了一家服裝廠，控股之後使它不斷發展，在股票上漲後賺取了豐厚的回報。

但是當遇到投資大師費雪之後，巴菲特的觀念改變了。他明白投資股票最關鍵的不是從中賺取差值，而是應該看這個股票有沒有發展的潛力。

巴菲特從兩位投資大師的身上總結出了一套屬於自己的投資理念：在投資之前要先對被投資企業有一個全面、徹底的了解，在確定這個企業符合自己的要求後，再考慮股票價格方面的問題，只有當這兩個條件都滿足的時候才能出手購買。巴菲特不盲目相信權威並敢於挑戰權威的個性，使得他在投資的道路上越走越遠、越走越順，終於成為華爾街上叱吒風雲的「股神」。

人們評價巴菲特時說：「巴菲特之所以能夠取得如此大的成就，他的自信和膽識起了決定性的作用。更難能可貴的是他有勇氣挑戰權威並付諸於實際行動。」

盲目崇拜權威，可能使我們到達不了自己的夢想之地。現在是質疑權威的時代。如何在自己的人生中消減權威為我們帶來的消極影響呢？適當聽取別人的意見，借鑒他們的觀點，接受那些中肯的建議，可以使我們少走彎路。但是，所謂的人生導師，應該是在我們沒有出路時為我們指明方向的人，而不是替我們開路的人，畢竟人生的道路是要靠我們自己走出來的。

所以，當我們遇到困惑、遭遇挫折的時候，我們可以尋求別人的幫助，適當聽取別人的建議，但是最重要的是我們必須自我反思，善於獨立思考，理性對待別人的意見，不能犧牲自己的夢想和追求，不要盲目相信權威。

為何要從別人身上尋找肯定

「做你自己」才是人生的真諦。每一個人需要的是設定自己的目標，而不是以別人的目標為目標；每一個人需要的是自己定義成功的內涵，而不是因別人的成功而沮喪，甚至被壓得喘不過氣來。

生活中，我們習慣從別人身上尋找對自己的肯定，常常很在意自己在別人眼中是什麼樣子。因此，為了得到父母的喜愛，我們就告訴自己要做一個乖小孩，好好學習，再怎麼生氣也不打架；為了在男朋友心中保持美好形象，我們就裝淑女，不敢大吃大喝……

這一切的結果是什麼？結果就是我們不知道怎樣才是真正的自己。我們活在別人的意見下，活在別人的期許裡，不知道自己的靈魂到底需要什

麼，到底希望成為什麼樣的人。

彼得・巴菲特的父親——華倫・巴菲特是富可敵國的「股神」。然而，身為「股神」之子的彼得・巴菲特卻沒有繼承衣缽成為華爾街金童，而是選擇用音樂譜出人生最美妙的樂章。

彼得在名校史丹佛大學只念了三個學期便決定休學，從零開始打造音樂夢想。踏上社會後，彼得・巴菲特必須自己去謀生，比如要為電臺的商業廣告譜曲。剛開始踏入自己的職業生涯時，他只有很少錢，他必須想盡辦法過一種完全獨立的生活，不僅要還房貸，還有音樂設備等貸款要還。雖然吃了很多苦，不過他認為「這是人生必經的歷練」。儘管過程歷經波折，但他終於依靠自己的力量，走出屬於自己的人生大道！

憑藉信念和執著，彼得・巴菲特成長為國際一流的作曲家和音樂人。奧斯卡最佳影片《與狼共舞》精華的一幕「火舞」配樂正是出自他的手筆。彼得曾為美國印第安原住民紀錄片影集《五百部族》編寫配樂，策劃、製作及編寫美阿肯以人權為主題合作歌曲，成為聯合國大會的特殊表演節目，並因此榮獲美國電視界的最高獎項——「艾美獎」。他既是全美知名的音樂人，同時也投身公益，回饋社會。

彼得從父親那裡獲益最多的是一套人生哲學：「人生由自己打造。」這讓他勇於做自己。彼得・巴菲特說：「唯有做你自己，才能永遠懷抱熱情，擁有邁向成功所需要的一切意志、膽識和決心！」

人生由自己打造，不做別人意見的傀儡，只做心中的自己。適當聽取和尊重別人的意見固然重要，但無論如何千萬不要人云亦云，不要做別人期許下的犧牲品。否則，你不但會在左右搖擺中茫然無措、身心疲憊，也會失去更多可貴的成功機會，甚至還會失去自我。做自己認為對的事，成就自己想成為的人，無論成敗與否，你都會獲得一種無與倫比的成就感和自我歸屬感。

簡奈特・弗蘭是當今紐西蘭著名的女作家。二十世紀四五十年代，她在一個道德嚴謹的村落長大。那裡的每一個人都十分強悍而有生命力。只有她極端怯縮，有時寧可被別人嘲笑也不肯輕易出門。父母也說這孩子如何如何的不正常。

不正常？簡奈特・弗蘭從小聽著人們的議論，也漸漸相信自己是不正常了。在小學的校園裡，她很想和同學打成一片，但不知道怎麼開口。入學年齡到了，她被送去一個更陌生的環境，和同學相比之下，她幾乎還是牙牙學語的程度。她想，她真的是不正常了。

大家覺得她很奇怪。她總是喜歡用一些奇怪的字眼來描述一些瑣碎不堪的情緒。家人聽不懂，同學聽不懂，即使是老師也認定她是一個患有嚴重囈語與妄想症的孩子。後來她住進精神病院。有位醫師發現這個害羞、極端內向、交談困難，有嚴重自閉傾向，甚至有防衛掩飾和幻想或妄想的小女孩十分喜歡用書寫的方式來表達自己。

在醫院裡，時間總是茫然而無聊的，簡奈特索性就提筆投稿了。就是那些總是被視為不知所云的文字，竟然在一流的文學雜誌刊出了，並獲得了文學大獎。

簡奈特出院了，她依憑著獎金去了英國，帶著自己的醫療病歷，到精神醫學最著名的醫院報到。不知不覺過了許多年，最後英國的精神科醫師才慎重地給她開了一張沒病的診斷證明，那一年她三十四歲。

外界的評論對一個人的影響是巨大的，就像電影裡的一句臺詞說：「我們沒有對外星人的認知，但是我們對如何判定精神病已經爐火純青了。」我們活在這世上，周邊無時無刻不充斥著別人的意見建議。但是，做自己認為對的事，不做別人意見的犧牲品，才能活出真的自我。無論成敗與否，你都會獲得成就感和自我歸屬感。

我們為什麼要去聽取別人的意見，讓他人指導自己的為人處世呢？那是因為我們缺乏對自己的深入了解，缺少自信。做真正的自己，做獨一無二的自己，關鍵是提高自我價值，其核心就是喜歡自己，相信自己。最有效的方法就是積極的心理暗示。

也許你不了解目前發生在自己身上的事，但是有一天你會明白，不管有什麼磨難，受到什麼挫折，你的自我價值都在那裡，誰也無法動搖。所以，要對自己充滿信心，從心底確認自己能行，給自己鼓勁。只要有信心，你就不會為一點兒困難而退縮；相信自己的價值，就能勇敢直面人生，塑造一個特別的自己。

別人都不看好你，你才有機會證明自己是對的

歌壇天后蔡依林曾在拿到金曲獎時說：「謝謝那些曾經不看好我的人」她的努力和執著，無形中激勵了千萬個和她一樣活在逆境之中，卻永不放棄追求夢想的人們。

面對困境，我們往往被周圍的壓力左右，不知道自己該如何抉擇，向左還是向右？尤其是在別人都不看好你的時候，如何走出困境？有主見，堅持自己的夢想和原則，你才有機會在重重壓力之中，證明自己的選擇才是正確的。

每個人都希望有一天能飛黃騰達，能登上人人豔羨的山巔，享受隨之而來的豐碩果實。但是一個人要想走向成功，就要有耐心、有責任心、有主見、有抱負和不怕失敗。如果認為頂峰是高不可攀的，不相信自己能達到，那只能終生不甘平凡，卻又無力改變平凡。

李彥宏，百度公司創始人、董事長兼首席執行官，負責百度的戰略規劃和運營管理。二〇一一年，李彥宏以九十四億美元資產列福布斯全球富豪榜第九十五位，並成為中國內地首富。

在門戶網站等很多互聯網業態中，李彥宏看準了搜索產業的發展前景，在美國留學以及工作期間，都是從事搜索技術工作。百度創立後，他堅持搜索業務，不做門戶網站，在遊戲很賺錢的時候，仍舊不為所動。

後來，百度又先後經歷了微信、博客等形形色色的互聯網發展潮流。很多公司做這些業務都賺了大錢，但百度沒有跟風去做，一直將資源集中在搜索領域不動搖。李彥宏經營公司就是堅持十二個字原則：認準了，就去做，不跟風、不動搖。

李彥宏喜歡搜尋引擎和技術開發。對他來說，做搜尋引擎的技術研發簡直是一種享受。即使做了百度的CEO之後的今天，他還是將自己三分之一的時間用在技術研發與產品開發上。他覺得這是自己最喜歡做的工作。

他喜歡搜索，認定了搜索，並一直堅持自己的夢想。

人生是短暫的，一定會遇到挫折。這時候只有堅持自己的夢想，才能專注於自己最喜歡做、最擅長做的事情，才能讓自己變得足夠優秀，才能出類拔萃。正因為有這樣的夢想存在，所以遇到困難時我們會堅持，我們堅信自己有能力做到，挺過艱難時期，就會慢慢得到越來越好的發展前景。

蘇格拉・芙頓女士是美國一位著名的偵探小說家，她在講述自己的成名之路時說：「如果二十五年前，就有人告訴你，你將得到想得到的一切，但是必須等到二十五年後，你聽到這些話會有何感想？而眼前的路你又會如何走下去？」

憑著一股對寫作的執著和熱情，蘇格拉・芙頓不停寫作。在這段長達二十五年的沉寂日子裡，她的作品大多不受重視，最終都落入書桌抽屜的最底層，但她仍舊忠於自己的夢想和選擇，永不放棄。與其說她企盼擠入作家之列，不如說她只是在文字中堅持自己的信念。

直到她的寫作生涯邁向第二十五年之際，她的作品終於受到出版商的青睞。她出版了第一本書，從此成為著名的偵探小說家。

為什麼成功的是少數人？因為大部分人在攀登高山的時候，看到周圍的人已經退卻了，然後看看自己，覺得自己也不可能攀上山頂，於是也跟著放棄了。只有極少數人始終相信自己，堅信自己將取得成功，抱著「我就要登上頂峰」的積極態度來從事各項工作。他們不會被別人消極的評論影響，在別人都不看好他們的時候，他們埋頭攀登，堅持自己的方向，不抱怨，不放棄。那麼終有一天他們會走上巔峰。

李彥宏曾經說過：「人生是可以走直線的。這條『直線』在自己心中。但我們的妥協、分心和屈從讓我們往往偏離了原來的軌道，浪費了很多時間。」走這條「直線」就是堅持自己的夢想，堅持自己的選擇，不放棄，不抱怨。憑藉著這個強大的信念，在別人都不看好你的時候，你才能充滿勇氣和力量。

把討好別人的力氣，拿來做自己

因為害怕被人討厭，所以不會拒絕別人。因為害怕與人衝突，所以委曲求全。因為害怕沒有朋友，所以優先考慮別人，犧牲自己的喜好。然而，你又不是新台幣，不可能讓人人都喜歡你。別再討好別人了，你變不成別人，也找不回自己！

誰都知道，事情做個七八成好，是比較容易的，但要想十全十美，所必須付出的代價也將成倍增長。所以，要想討好每一個人，也是不可能的。人有差異性，如果討好每一個人，有時候就等於失去所有人。因此找到自己的定位，踏踏實實地做自己才是最重要的。

現代人普遍感覺活得疲累，大多是源於在人際上想追求完美，妄圖讓所有人喜歡自己。現實是不管你多麼努力討好和迎合別人，永遠都達不到讓所有人喜歡你。每個人都會有他個人的感覺，都會根據自己的想法來看待世界。

父子牽驢進城的故事，大家想必都聽過。我們有時候就是這樣，為了讓周圍人滿意，人家讓我們怎麼做，我們就怎麼做。可是每個人都有每個人的觀點，當大家都在指指點點的時候，我們就沒有了自己的原則。討好別人總是靠不住的。生活中，如果刻意討好別人，還會使別人產生厭惡。何況，有時間去討好別人，還不如按照自己的意願踏踏實實做事。

從前，有一位畫家想畫出一幅人人見了都喜歡的畫。畫畢，他拿到市場展出。畫旁放了一支筆，附上說明：每一位觀賞者如果認為此畫有欠佳之處，均可在畫中做記號。晚上，畫家取回了畫，發現整幅畫都畫滿了記號，沒有一筆一畫不被指責。畫家對這次嘗試深感失望。

於是，畫家決定換一種方法去試試。他又臨摹了同樣的畫拿到市場展出。這一次，他要求每位觀賞者將其最為欣賞的妙筆之處都標上記號。結果畫家再取回畫時，他發現畫面又畫滿了記號。那些曾被指責之處，如今又換上了讚美的標記。

「哦！」畫家不無感慨地說道，「原來有些人看來是醜惡之處，在另一些人眼裡恰恰是美好的。我不可能讓所有人滿意呀！」

一味聽信於人，便會喪失自己，做任何事都患得患失，誠惶誠恐，一輩子難成大事。整天活在別人的陰影裡，在乎上司的態度，在乎老闆的眼神，太在乎周圍人對自己的態度，這樣的人生，還有什麼意義可言呢？

一個人想八面玲瓏、面面俱到，不得罪任何人，又想討好每一個人，那是絕對不可能的。在這個利益紛爭的社會，你不可能顧到每個人的面子和利益。你認為顧到了，別人卻認為你直接或間接損害了他的利益。你做得再好，不領情的也大有人在。而且，很多時候我們都需要表明自己的立場，你不會期望讓敵對立場的人也滿意吧？更別說站在中立的立場，然後為了討好大家變成了「牆頭草，兩邊倒」，那你就可能得罪所有人了。

面對現實吧！現在你需要的就是按你自己的意願，做你該做的事情。你認為這事情是對的，是必須做的，那麼不要管別人怎麼不滿，怎麼抱怨，做就對了。你認為這件事情不應該如此，那就算前頭利誘、後頭威逼，你也不能做。做一個有原則的人，你雖然沒有讓所有人滿意，但是你不需要討好別人，因為你的為人處世可能已經贏得大家對你的信服、尊敬，甚至是崇拜。

不要試圖主動去討好所有人，那往往得不償失。只要踏實做好自己認為有益的事，認清自己的目標，做好有魅力的自己就可以了。明星不是因為他們是明星才有吸引人的魅力，而是因為他們有獨特的個人魅力才成為明星，令大眾所喜歡和崇拜。正因如此，你要想讓別人喜歡你、欣賞你，那你就要有自己的獨特魅力。

劉心武先生說：「與其討好別人，不如武裝自己。」所以，不要因為顧及他人的眼光而改變自己的言行，不要為了讓所有人都滿意而委屈了自己，不要試圖去討好所有人，你應該做的就是設定自己的目標，認認真真、踏實努力工作，保持良好的心態，適時接受但不要太在意別人對你的評價和看法，這樣才能做一位有獨特魅力的自己。

選擇自己喜歡的，而不是別人喜歡的

路，自己選擇，命運，自己去改變；路，在自己腳下，命運，把握在自己手中。而手與腳都長在自己身上，何必讓別人去左右自己呢？

在生活中，親朋好友出於好意總是會給你各式各樣的建議，比如認為你的工作不好，勸你找一份好工作；覺得城南的房子太貴要你買城北的房子；認為米色的衣服不好看勸你換白襯衫等等。當然，他們的建議不免是從自己喜歡的角度出發，但是面對著眾人的建議，你多半和大多數的人一樣不會力排眾議，只會放棄自己喜歡的，轉而接受大家給你選擇的。

可是，幸不幸福只有自己才知道。盲目追隨別人的想法，放棄自己所選擇的，選了自己不喜歡的，最後只能使自己感到不幸。就像結婚，父母親戚喜歡這個穩重老實的人，可是女兒卻喜歡那個體貼幽默的男人。我們都知道婚姻是一輩子的事情，若是不清醒看待自己的意願，聽任父母的安排，嫁給了自己不喜歡的人，那麼最後的苦果還是要自己嘗。

胡雋去西部支教的時候，和當地一個近乎文盲的姑娘結了婚，後來回來繼續求學，終於成了有名的教授。

隨著環境地位的變化，有些跟他一樣在當地結婚的朋友都漸漸離婚了，家也散了。可是胡雋仍喜歡吃妻子做的玉米餅，散步穿妻子做的鞋，和妻子恩愛相持。

胡雋的學生曾經問他：「依您現在的身份地位，可以找一個更好的妻子，可您卻沒有，仍然和師母恩愛相伴，這一點非常令人敬佩。師母到底哪方面吸引您，讓您每天和她一起在黃昏散步，週末一起去買菜？」

胡雋笑著說：「她是我所喜歡的人呀，她在我的心裡是很重要的！」

選擇自己喜歡，而不是別人喜歡的，因為幸福與否是自己切身感受的。若常常是按別人喜歡的標準做選擇，而忽略自己內心的真正感受，那又怎麼能活出自己的人生呢？

馮向陽原來是公司銷售部的職員。銷售這份工作正符合他的個性，他也非常喜歡，工作成績一直不錯。結婚後，他的妻子不喜歡他整天奔波，希望他換一個穩定點的工作。岳父岳母也常常嘮叨說：「做什麼銷售，有什麼出息呀，還是找機會換工作吧！」經不住親人的軟磨硬泡，他終於答應換個工作了。

後來，馮向陽在另一家公司當了總經理助理。妻子家人都為他高興，可是他開始變得不快樂了。工作的繁瑣讓他頭痛，每天上班就像例行公事一樣，他不知道自己工作的意義何在，再也找不到當初工作的成就感和愉悅。於是，他變得不喜歡上班，下了班心情也不好，整個人都變了。

終於有一天，馮向陽想明白了，要做自己真正喜歡的工作，才會有激情和幹勁，否則就會陷入痛苦的泥沼。於是他毅然辭去工作，又回到原來銷售工作崗位上，他馬上恢復了以往的信心和鬥志，不久就被提升為銷售部經理，人也變得意氣風發了。

雖然是出於善意，但是親朋好友並不知道我們最適合什麼樣的工作，並不知道我們最喜歡什麼。他們很大程度依照自己的意願和經驗，為我們選擇工作、配偶甚至為瑣事提出意見。這時候，我們要客觀對待，尊重自己的親朋好友，適當聽取他們的意見，那是好的，但是不能為了這些而犧牲自己的幸福，使自己因此放棄自己追求的理想。

所以，認清自己喜歡的生活，明白自己要走的路，堅守自己的夢想，努力去實現它，這才是一種最大的幸福和快樂。

相信自己！你行不行，別人說了不算

作為獨一無二的個體，別人無法模仿你，也不一定做得來你能做得了的事。那試想，他們怎麼能給你更好的意見？他們又怎能取代你的位置，替你做些什麼呢？所以，這時你不相信自己，又有誰可以相信？

天生我材必有用。可見，我們每個人生來都是註定要有所作為的，每個人都是獨一無二的重要。但是，為什麼我們卻時常都在感歎別人事業成功，自己卻什麼都沒有呢？想要成為卓越的畫家，卻連拿起畫筆的信心都沒有，如何能調色描畫？

人生不可能一帆風順，每個人都要從積累與磨煉中逐漸成長，所以請相信，路是人走出來的，別說你不行。千年前的毛遂在自信的基礎上憑著自己卓越的膽識、出色的辯才和可敬的勇氣，威懾楚王與趙「合縱於楚」。十六歲的桑蘭在體育比賽中意外受傷，幾乎全身癱瘓，但是她以頑強的毅力接受治療，並以無比的自信心向全世界宣告：「我從來沒有喪失過勇氣，我早晚有一天會創造奇蹟的！」正是自信，正是從不懷疑自己讓他們鼓足勇氣，渡過人生的困境，迎來了生命嶄新的一頁。

從前，有一群小青蛙組織了一場跑步比賽，目標是登上一座非常高的塔頂端。一大群青蛙聚在塔邊觀看比賽，為選手們加油。比賽開始了，老實說，一群觀眾中沒有誰真的相信小青蛙們能夠登上塔頂。他們在下面這樣議論著：「哦，這太難了」、「牠們肯定到不了塔頂」、「牠們沒有成功的機會，塔太高了」。

小青蛙們開始崩潰，一個一個倒下。但是，有一些小青蛙仍然以輕快的步伐繼續攀爬，越爬越高。

圍觀的青蛙繼續大聲叫喊：「路太難走了，沒人能成功的！」越來越多小青蛙累得放棄了。但是，仍然有一隻小青蛙繼續前進，越爬越高。

最後，除了這隻小青蛙之外，所有小青蛙都放棄向塔頂攀爬了，這隻小青蛙經過不懈的努力，成為唯一到達塔頂的小青蛙！

此時，所有小青蛙都想知道這隻小青蛙是怎樣做到的。一位參賽者問這小青蛙：「你是怎樣有力量到達終點的呢？」這時，青蛙們才發現，原來勝利者是個聾子，牠聽不到那些令人喪氣的話！

一個人最大的敵人莫過於自己。外在的挑戰雖然嚴酷，但總能克服過去；唯有內心那個自我永遠不會消失。因此，假如缺乏自信心，那麼終其一生都無法擺脫自卑的控制。

我們懷疑自己的能力，認為自己這不行那不行，然後做不了決定時，就選擇聽別人的意見。周而復始，總是聽信他人的評論和意見，因而對自己產生懷疑，變得自卑，讓別人的意見沖淡我們心中最美好的夢想，使我們變得消極和悲觀。

別人的勸言或者意見有時候猶如毒藥，會讓我們心中的自信漸漸流失。請記住你有權利相信自己，那就放心大膽地去吧！在面對困境時，我們更應該有「自信人生二百年，會當水擊三千里」的豪情和勇氣，以微笑面對挫折，用自信挑戰生活，永遠都要對自己說「我可以做到」。

對那些看似好的建議也要理智對待

作為一個有主見、有原則、有責任心和上進心的人，別人的意見或觀點，不應該成為我們的行為指南，即便他們的出發點是為我們著想，但是只有自己才知道我們想過的是什麼樣的人生。所以，按自己的原則去做人做事，才不會迷失自己。

人生時常有挫折，遇到困難難以抉擇時，我們一般會徵求親朋好友的意見和建議，以求開拓思路，幫助自己作出正確的選擇，但是這些看似好的意見永遠只能是參考，要想真正找到自己的道路，就必須認真分析，理智對待，然後自己做出明確的決定。

馬棚裡住著一匹老馬和一匹小馬。有一天，老馬對小馬說：「你已經長大了，能幫媽媽做點事嗎？」小馬連蹦帶跳地說：「我很願意幫您做事。」老馬高興地說：「那好啊，你把這半口袋麥子馱到磨坊吧！」

小馬馱起口袋，飛快地往磨坊跑去。跑著跑著，一條小河擋住了去路，河水嘩嘩地流著。小馬為難了，心想：「我能不能過去呢？如果媽媽在身邊，就可以問問她該怎麼辦了，可是離家很遠了。」小馬向四周望望，看見一頭老牛在河邊吃草，小馬「嗒嗒嗒」跑過去，問道：「牛伯伯，請您告訴我，這條河我能跑過去嗎？」老牛說：「水很淺，大約到小腿高度，你能跑過去。」

小馬聽了老牛的話，立刻跑到河邊，準備過去。突然，從樹上跳下一隻松鼠，攔住他大叫：「小馬！別過河，別過河，你會淹死的！」小馬吃驚地問：「水很深嗎？」松鼠認真地說：「深得很哩！昨天，我的一個夥伴就是掉在這條河裡淹死的！」小馬連忙收住腳步，他歎了口氣說：「唉！還是回家問問媽媽吧！」

小馬甩甩尾巴，跑回家。媽媽問他：「怎麼回來啦？」小馬難為情地說：「一條河擋住了去路，我……我過不去。」媽媽說：「那條河不是很淺嗎？」小馬說：「是呀！牛伯伯也這麼說。可是松鼠說河水很深，還淹死了他的夥伴呢！」媽媽說：「那麼河水到底是深還是淺呢？你仔細想過他們的話嗎？」小馬低下了頭，說：「沒……沒想過。」媽媽親切地對小馬說：「孩子，光聽別人說，自己不動腦筋，不去試試，是不行的。河水是深是淺，你去試一試，就知道了。」

小馬跑到河邊，剛剛抬起前蹄，松鼠又大叫來：「怎麼？你不要命啦？」小馬說：「讓我試試吧！」他下了河，小心走到對岸。原來河水既不像老牛說的那樣淺，也不像松鼠說的那樣深。

人生不就像小馬過河嗎？面對挫折，我們不知道自己過不過得去。有人說這是小問題，有人拿出血淚教訓告誡我們，這是危險的。可是到底什麼才是對自己最受用的呢？這個問題的答案只有自己經歷過才能得到答案。別人的經驗和意見再怎麼好，你也不能照單全收，只能作為參考。

就像投資，別人的意見永遠只是參考，自己的意見才是最終的決定。作為投資者，只有你會為自己的投資結果負責。當你已把握了市場的方向而有基本的決定時，不要因旁人的影響而輕易改變決定。有時別人的意見會顯得很合理，因而促使你改變主意，然而事後才發現自己的決定才是最正確的。

父母手足的建議是真心實意的，但需要斟酌的是，他們可能不熟悉你的工作處境；丈夫、妻子的建議是最值得信任的，但鑒於人生經驗、眼光所限，所以也有偏頗之處。身邊長輩的建議值得好好考慮，但可能他們考慮不深入。總之，別人的意見只是參考，關鍵還是靠自己抉擇。對那些看起來正確的意見和建議，我們更要理智對待，認真分析，這樣才能找到最適合自己的選擇。

別讓人偷走你的夢想

心愛的東西不見了，可以再去買；錢沒有了，可以再賺回來；若是夢想被偷走了，就難再找回來了。除非你願意，否則沒有人可以偷走你的夢想。

小時候夢想很多，比如：看到變化多端的雲彩，就夢想長大當一名畫家，用自己的畫筆勾畫這神奇的圖景；看到老師神采奕奕地講課，就又夢想當一名知識淵博、受人尊敬的老師；當看到奮力拚搏的運動員，夢想又變了……

總之，那時候滿腦子都是千奇百怪的想法、各式各樣的夢想。

美國詩人休斯曾寫道：「緊緊抓住你的夢想。一旦夢想消亡，生命就像斷翅的鳥兒，再也不能飛翔……」沒有夢想的人生是一種殘缺。有夢想的人生就有希望。有時候別人未必會認可和支持我們的夢想，甚至還會潑冷水，讓你陷入一種「孤注一擲」的境地。但是，人能否堅持自己的原則，緊緊抓住自己的夢想，也就在這一念之間。

美國某個小學的作文課上，老師給學生的作文題目是「我的志願」。一個學生非常喜歡這個題目，在他的本子上飛快寫下他的夢想。

他希望將來自己能擁有一座占地十公頃的莊園民宿，在遼闊的土地上植滿如茵的綠草。莊園中有無數的小木屋、烤肉區及一座休閒旅館。除了自己住在那兒外，還可以和前來參觀的遊客分享自己的莊園，有住處供他們休憩。

老師過目時，劃了一個大大的紅叉，並要求他重寫。

老師說：「我要你們寫下自己的志願，而不是這些如作夢般的空想。我要你們寫下實際的志願，不是不切實際的幻想。你知道嗎？」

男孩據理力爭：「可是，老師，這真的是我的志願啊！」

老師堅持：「不，那不可能實現，那只是一堆幻想。我要你重寫。」

男孩不肯妥協：「我很清楚，這才是我真正想要的。我不願意改掉我夢想的內容。」

老師搖頭：「如果你不重寫，我就不讓你及格。你要想清楚。」

男孩拒絕重寫，因此得了一個「E」。

三十年之後，這位老師帶著一群小學生到一處風景優美的度假勝地旅行。他們盡情享受無邊的綠草、舒適的住處及香味四溢的烤肉之餘，他望見一名中年人向他走來。這個人自稱是他的學生。

這位中年人告訴個老師，表示他正是當年那個作文不及格的小學生。如今，他擁有這片廣闊的度假莊園，真的實現兒時的夢想。

在歲月的長河裡，我們以前的夢想被改掉了，被偷走了。我們回頭去看才發現自己離當初的夢想越來越遠，甚至背道而馳。如果你有夢想，從現在起，守住自己的夢，不要動搖，不要讓別人偷走。

許多人一開始豪情壯志，雄心勃勃，可一旦當你把自己的夢想說出來或付諸實踐就會遭受到朋友、同事、鄰居，甚至是你的父母或配偶的否定。這些人在你興致勃勃述說夢想時，神色鄭重地說：「那是不可能的。」要你腳踏實地，好好做事，不要說的比做的多，先做到再來說也不遲，甚至還有些人譏笑挖苦，從一開始就不看好你做的事情。面對這些「冷水」，很多人都退縮了，漸漸不再提及自己的夢想。

但是，人有了超越外界、堅決捍衛自己的決心，就能守住自己最初的夢想。始終如一、堅持不懈，才能直達成功。若在一開始就被別人動搖了自己的決心，偷走自己的夢想，那樣夢想終會破滅。

陳密打算開一家西餐館，於是向他一些在該行業做事的朋友討教經驗。明明大家各自在天南地北，不可能影響干擾到誰的生意，可他那些朋友幾乎都是一副傲慢、輕浮、毫不在意的樣子。

李冰說：「你自己喜歡怎樣就怎樣。」

王翹說：「做生意不容易。你看我也沒賺什麼錢，都虧了。」

章麟說：「你要三思而後行呀。我勸你最好不要做了。」

聽多了這些朋友的意見，陳密漸漸領悟出來，他們明明是賺了錢卻跟我說虧錢，明明有商機卻叫我不要做。陳密說：「如果你自己決定去實踐，就最好不要詢問任何人，避免問得越多越讓你失望，越阻礙你步伐的前進。」

後來，他靠著自己的努力，一路摸索，最終比他的朋友們做得更好。

只要你腳踏實地，緊緊握住夢想，就不用怕別人的冷嘲熱諷。只要你信心滿懷、信念堅定，他們就無法再次偷走你的夢想。所有的「冷水」正足以灌溉你夢想的種子，使之茁壯成為大樹。

向積極進取、已然成功的人學習，受他們影響變得更有幹勁兒，這是好事。但是，別讓別人偷走你的夢想。能否取得成功是看你能否堅守住自己的夢想，是否對自己認定的道路堅持到底，是否受旁人的眼光和看法而影響你前進的步伐。當我們懷抱著夢想，奔著目標，義無反顧地奮鬥時，你才會感覺到，這樣的人生豐盈，精神充實！

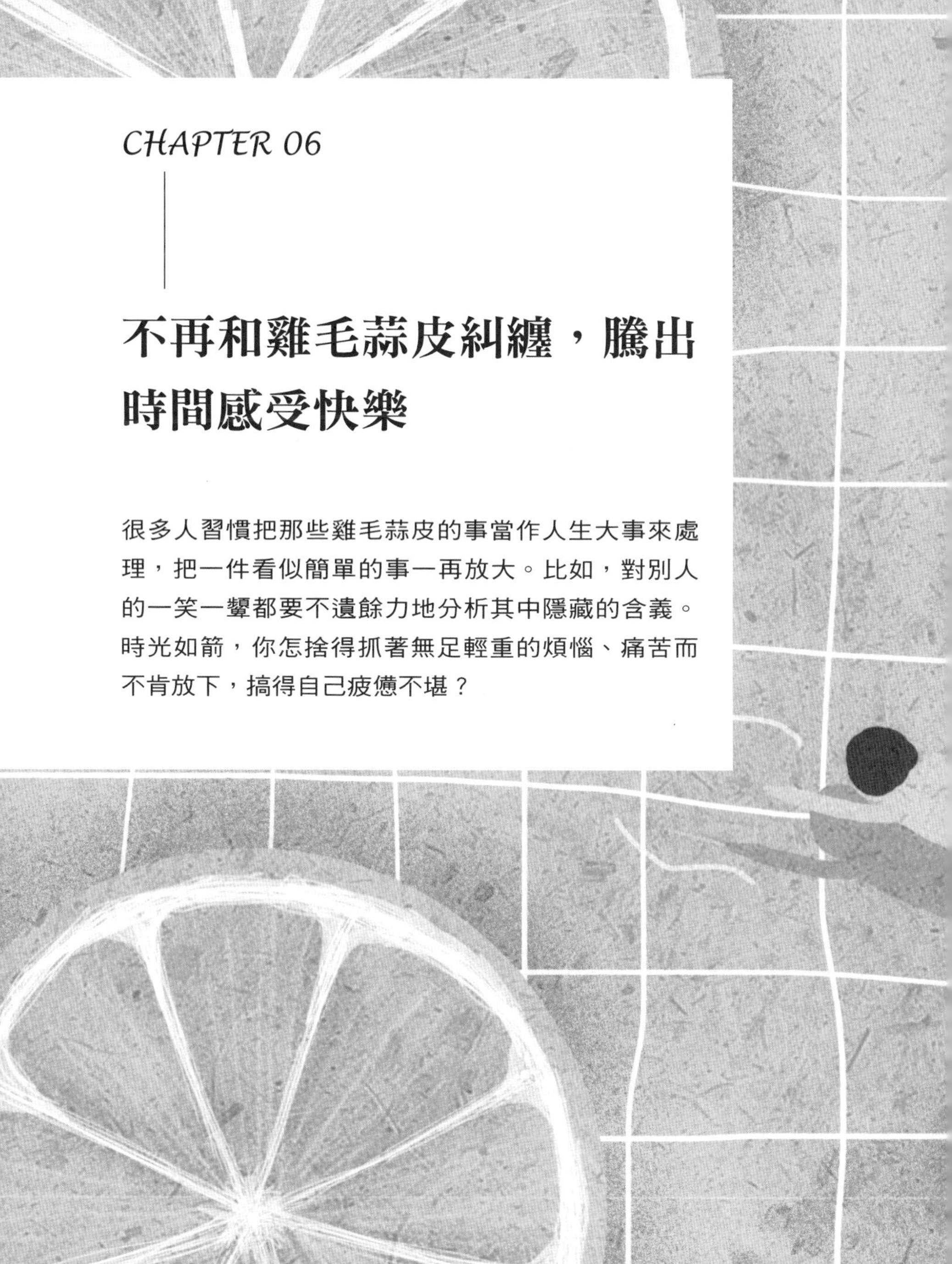

CHAPTER 06

不再和雞毛蒜皮糾纏，騰出時間感受快樂

很多人習慣把那些雞毛蒜皮的事當作人生大事來處理，把一件看似簡單的事一再放大。比如，對別人的一笑一顰都要不遺餘力地分析其中隱藏的含義。時光如箭，你怎捨得抓著無足輕重的煩惱、痛苦而不肯放下，搞得自己疲憊不堪？

世上本無事，庸人自擾之

面對現實很多人都無可奈何，你可能常常想：「為什麼生活中的瑣事和煩惱總是那麼多呢？」大多數人感覺煩惱的事情層出不窮，總是接踵而來。

人都有七情六欲和喜怒哀樂，煩惱也是人之常情，是人人避免不了的。我們願意尋找甜蜜的愛情，追求美好的生活，但是誰都不願意自尋煩惱。可是，生活中每個人都有煩惱或正在經歷煩惱，但是這些煩惱很多都是我們自找的，一旦有了煩惱，便憂愁萬千，離不開，扔不掉，最後鬱結於心，不得歡顏。

從前，有位叫明慧的和尚住在深山一座寺廟，潛心修行。

每次打坐入定時，明慧眼前都會有一隻大蜘蛛，張牙舞爪地來跟他搗蛋。他雖然不害怕，卻無法靜下心來修行。

於是，明慧十分苦惱地去向祖師求教：「師父！我每次一入定，大蜘蛛就出現了。無論我怎麼趕牠，牠就是不走。請師父指點弟子迷津。」

祖師驚訝地說：「啊，有這種事情嗎？下次你入定的時候，拿一支筆，等蜘蛛出現時在牠肚子上畫個圈，看看它是何方怪物。我好為你剷除牠。」

下一次明慧和尚入定的時候，果然事先準備了一支筆。蜘蛛一出現，他飛快地在牠肚子上畫了一個大紅圈。蜘蛛一點防備也沒有，倉皇地逃走了，明慧和尚很快安然入定。

然而，待他出定一看，赫然發現自己肚臍上有一個大紅圈！明慧和尚這才恍然大悟，原來阻撓他修行的就是自己啊！

生活中，我們往往會遭遇到很多困擾，而其中最大的困擾往往來自於我們自己！比如，把別人的問題攬到自己身上而自怨自艾；慣於抱著不切實際的希望，把目標制定得高不可攀，難以實現；總是計較有多少次受到不公正的待遇，或者記著有多少次別人對你說話的態度不友善；從不讚揚別人，只會喋喋不休地批評、挑剔、埋怨，以受害者自居，感覺所有人都在迫害你。

要想減輕生活的壓力，給自己的生活添加開心幸福，最重要的還是擺正心態，調整自己，放下心中的煩惱，尤其絕不自尋煩惱。

人生在世，其實如白駒過隙，一晃幾十年就過去了。我們生活的分分秒秒都在流逝，永遠無法回到過去，失去也難以擁有。假如我們整天都因為這些不可控制的瑣事去煩悶的話，人生豈不是一片狼藉了？因此，要調整心態，放下煩惱，不庸人自擾。否則，因為糾纏於瑣事而把自己的人生過得糟糕，值得嗎？

春節時，王軍和幾位闊別多時的同學相約去拜訪大學時期的劉楠老師。劉老師很高興，問他們生活怎麼樣。不料，一句話就勾出了大家的滿腹牢騷。大家紛紛訴說生活的不如意。

張藻說：「工作壓力大，與上司也不和睦。」

王軍也說：「生活讓人煩惱。父老子幼，家庭負擔大呀！」

王行更是感歎：「做生意失利，每天還得在酒桌上給人陪笑臉。」祝靈抱怨道：「仕途受阻，自己多年來一直是小科長，怎麼也升不上去。」

一時間，大家彷彿都成了時代的棄兒。

劉楠老師聽到這裡，笑而不語，從廚房拿出一大堆杯子，擺在茶几上。這些杯子各式各樣，有瓷器的，有玻璃的，有塑膠的。有的杯子看起來豪華而高貴，有的則顯得普通而簡陋。劉老師說：「大家都是我的學生，我就不把你們當客人了。你們要是渴了，就自己倒水喝吧！」

等大家手裡都端了一杯水，劉老師這時發話了。他指著茶几上剩下的杯子說：「你們有沒有發現，你們手裡的杯子都是最好看、最別緻的杯子，像這些塑膠杯就沒有人選中它。」

「這就是你們煩惱的根源。大家需要的是水，而非杯子。但我們有意無意地會選擇漂亮的杯子，這就如我們的生活。如果生活是水的話，那麼工作、金錢、地位這些東西就是杯子。它們只是我們盛起生活之水的工具。其實，杯子的好壞並不影響水的品質，如果將心思花在杯子上，大家哪有心情去品嘗水的甘甜呢？」

人不是超脫凡俗的聖人，自然會有煩惱。但是，要想活得多彩，不在煩惱瑣事上消耗生命，我們就要學會擺正心態，淡化煩惱，放下煩惱。當遇到挫折煩惱，你要面對現實，勇於承擔現實。對任何既成事實的過失，我們不必為之太多後悔，也不必因此責備自己或他人，而應把思想和精力放在努力彌補過失，減少損失；因為太多的後悔和責備，不僅於事無補，只是增加煩惱而已。

你不和他計較，自然沒煩惱

艾爾文的《在不完美的生活裡，找到完整的自己》中寫道：「人生有一種傻事，就是你把自己的心情籌碼，揮霍在只想敷衍你的人身上。畢竟你即使贏了，對方在私底下還是會抱怨你是個麻煩；你輸了，又會質疑自己那麼努力是在為什麼。」煩惱大部分都是從比較、計較而來的，不比較、不計較，自然就少煩惱。

「真正的快樂不是擁有的多，而是計較的少。」如果不懂得知足，擁有再多，煩惱只會越多。常言說：「沒有零煩惱，只有少計較。」

我們的生活中，到處都有矛盾、爭議和誤解。凡事太計較，那問題就會變得更難以解決；相反地，你凡事不計較，自然就沒煩惱，因為斤斤計較的結果只會讓自己不愉快。佛家也認為與世無爭才是真自由。其實，要想從俗世之中解脫。唯一的辦法就是少計較，放寬心。

有個學佛的人總想過清淨的生活，但是生活中的煩惱使令無法平靜。有一天他遇到一位師傅，他問：「為什麼我的周圍總有小人？大事、小事總和我作對，說這說那使我非常生氣，我怎麼才能不生氣、不煩惱？」

師傅回答：「要想不生氣、不煩惱，有兩種方法。一是別人都變成君子，就你一個小人。沒有人與你計較，你就不生氣、不煩惱了。還有一個是你成為君子。『君子不記小人過』。你不與他人計較，同樣可以不生氣、不煩惱。」

他聽了以後靜靜沉思，突然發現：「我以為自己是君子，原來也有小人心。煩惱都源於我自己的心。」

所以說，當感到委屈和不公平時，你不要生氣，要有定力，不被外物所侵擾。淨空法師明言：「面對別人的譭謗、侮辱和生活逆境，不能生氣，要把這個事實真相看清楚，利害得失看明白。你生氣是自己跟自己過不去，反而成全了別人。這時候，懷著平淡的心態去看待或解決這些事情，我們才能不煩惱，才能感到真心的快樂。」

寒山禪師與拾得禪師都是唐代著名的隱士。寒山禪師常去國清寺，與拾得禪師十分交好。

一次，寒山禪師問拾得禪師：「世間有人謗我、欺我、辱我、笑我、輕我、賤我、騙我，該怎麼處置呢？」

拾得禪師回答說：「沒關係，忍他、讓他、避他、由他、耐他、敬他、不要理他，再過幾年你且看他。」

世間有人誹謗你、欺負你、侮辱你、嘲笑你、輕視你、欺騙你，你若不跟他計較，你一樣是快樂的。因此，對眼前的一切都不要太計較，最終一切都會如浮雲般消散的。你不和他計較，自然沒煩惱。

後人據此傳下了忍耐歌，曰：「寒山拾得笑呵呵，我勸世人要像我。忍一句，禍根從此無處生。饒一著，切莫與人爭強弱。耐一時，火坑變作白蓮池。退一步，便是人間修行路。任他嗔，任他怒，只管寬心大著肚……」

佛祖也曾對自己的弟子說過，看淡得失，不去計較得失，無論發生任何事，都不會剝奪你的快樂。我們在生活中常常忘記這些道理，以致事事與人比較，為爭名奪利不惜與對方計較到底，甚至大部分時候是在為一些小事隻銖必較。這時你會發現，當我們越計較，越會發現自己活得不開心，怨氣會越來越多。因計較滋生的煩惱像藤蔓一樣纏繞在我們心頭。

斤斤計較只會徒增我們的煩惱和壓力。不與他人爭強，放過自己，放開自己那顆計較的心，才是輕鬆生活的真諦。英國作家薩克雷說：「生活是一面鏡子。你對它笑，它就對你笑；你對它哭，它也對你哭。」同理，煩惱也是一樣。如果你老是跟別人計較，跟自己過不去，那煩惱也會跟你過不去。

面對生活中的一切，不去比較和計較，把這塊吸引煩惱的「計較磁鐵」丟掉，放下這些因計較而生的煩惱，放寬自己的心靈，我們才能用更平和的心態看待生活，看待世界，感受自己生命的靜默歡喜。

生命如此短促，何必去計較小事

生命如此短促，要愛過、夢過、好好生活過，哪裡有時間去計較雞毛蒜皮的小事，哪裡有時間為了這些小事生氣愁苦、鬱鬱寡歡。

據統計，人類的煩惱百分之五十是日常的小事，百分之二十是杞人憂天，百分之二十事實上並不存在，剩下的百分之十八則是既成的事，再擔心、煩惱也沒用。

生命何其短。那些生活中的小事不值得我們去計較，要珍惜每一天，以一種平和的心態去面對生活的一些瑣事，那麼我們就會享受到生活本應有的快樂與幸福。學會放下煩惱，看淡煩惱，運用智慧超脫煩惱，才能找到生活的幸福，贏得更廣闊的人生。

二戰時，羅伯特・摩爾和戰友在太平洋之下的潛水艇裡執行任務。忽然，他們從雷達上發現一艘日軍艦隊朝自己駛來。幾分鐘後，六枚深水炸彈在他們潛水艇的四周炸開，把他們直壓到海底二百八十英呎的地方。後來，甚至有十幾枚炸彈就在離他們幾十英呎的地方爆炸。倘若再近一點，他們的潛艇一定會被炸出一個洞來。

當時，羅伯特・摩爾嚇得不知如何呼吸了，腦子裡彷彿竄出一個魔鬼。不停地對他說：「這下死定了，這下死定了……」因為關閉製冷系統，潛水艇內的溫度達到攝氏四十多度。可是他卻害怕得全身發冷，一陣陣冒虛汗。

事後，羅伯特・摩爾回憶說：「十五個小時好像有十五年那麼長。我過去的生活一一浮現在眼前，那些曾經讓我煩憂過的無聊小事更是清晰浮現在我的腦海中，例如：爸爸把那個不錯的鬧鐘給了哥哥而沒給我，我因此幾天不跟爸爸說話；結婚後，我沒錢買汽車，沒錢給妻子買好衣服，我們經常為了一點芝麻小事吵架等等。

「可是，這些令人發愁的事在深水炸彈威脅我生命時都顯得那麼荒謬、渺小。當時，我就對自己發誓，如果我還有機會重見天日，我將永遠不會再計較這些小事了！」

有些事我們直到生命盡頭時才恍然大悟，可是，那時還有機會重新開始嗎？生命如此短促。包容別人，寬容待人，不為小事計較，不自尋煩惱，我們才能活得充實而無憾。

據一位仲裁過四萬多件婚姻案件的法官說：「大部分婚姻不美滿的原因通常是因為一些小事情。同樣的，在刑事案件中，有很多都是起因於一些很小的事情。比如，在酒吧裡說話侮辱別人，行為粗魯不講禮貌，最後導致傷害。許多犯了錯的人，都是因為自尊心受到小小的傷害，就控制不住自己，結果釀成了慘劇。」

《弟子規》云：「財物輕，怨何生；言語忍，忿自泯。」這句話是說與人相處不要斤斤計較財物，怨恨就無從生起；言語能夠包容忍讓，多說好話，忍住氣話，不必要的衝突和怨恨的事情自然消失不見。我們在生活中難免為小事有爭執，保持平和寬容的心態，才能減少煩惱。

雲錦的爸爸早逝，媽媽含辛茹苦把雲錦養大。媽媽三十多歲就開始創業，四十歲就成了一個大老闆。有一次，雲錦的媽媽心血來潮把會計的帳本拿出來瞧。管會計的人是她的合夥人也是好朋友，因為一筆十萬元的賬去向不明，她開始懷疑兩個人多年來的合作是否都有被吃賬的問題。她因為這筆錢睡不著覺，精神狀態不好。有一天晚上應酬之後開車回家，因精神不集中而發生車禍喪生。

傷心之餘，雲錦感慨地說：「她走了之後，我才查實她的合夥人只不過把這個公司的十萬元挪到一個子公司用，不久又挪回來了。沒想到我媽媽為了這筆錢心煩了那麼久，最終我才明白，人生苦短，何必為了小事而計較和煩惱。」

我們總是想得太多，為別人一個無意的眼神難受，為一句無心的話犯疑心病，這樣又怎麼能快樂呢？事情發生了，用最單純的態度應對，不胡思亂想，不擴大事態，坦然處之。還要學會看開，學會放下，學會看透，才可以說是真正充實地好好過生活。

別為偶爾的批評苦惱

說實話，沒有人不在意別人對自己的看法，沒有人不在意外界對自己的評價。所以，別為偶爾的批評抓狂，控制自己的情緒才可以心平氣靜看待現實，解決問題。

在人際交往中，我們總會碰到與自己意見不同的人，別人批評我們的時候，有些人就會感到很不舒服，開始爭執甚至吵起來，結果事情變得更糟糕。其實，這是因為我們缺乏自信。在面對別人的批評，我們就會不由自主地覺得他們在對我們指指點點，然後心生不安或氣憤。嚴重的時候，別人的一個眼神、一個動作，甚至隨意的一句話，都可以讓我們豎起防備的盾牌，如臨大敵。

誠然，我們無法左右別人的言論，但我們應該擺脫自己受害者的心理，平和看待問題。這樣，你就會發現別人的眼神、動作和話語，很多時候都沒有任何針對自己的意思，只是我們太敏感，太在乎，才會「草木皆兵」。偶爾的評語、建設性的批評，或有助益的引導，不應該引起我們的恐慌及憤怒。

一天，坦山禪師正在喝酒，看見雲升禪師從他的房門經過，便邀雲升禪師一起喝酒。結果自然是被雲升禪師婉言謝絕。

坦山禪師隨口說了一句：「連酒都不喝，真不像人！」雲升禪師聞此言，大怒，呵斥道：「你敢罵人！」坦山禪師疑惑地說：「我並沒有罵你！」雲升禪師更生氣了，反問道：「你說我不會喝酒就不像人，這不是明明在罵我嗎？不然，你來說說，我不像人像什麼？你說！你說！」坦山禪師看了看他，緩慢地說：「你像佛。」聽罷此言，雲升禪師無言以對，回去繼續坐禪，因為他知道自己犯了很重的嗔戒。

佛經所指的三嗔：是指因他人的話傷害了自己而大發脾氣的順理嗔；明知自己理虧，還惡人先告狀之類的非理嗔；觀點不同，一言不合脣槍舌劍地駁辯的爭論嗔。人之所以嗔怒，正是源於我們那一顆放不開的心，源於我們心中的放不下。

不能改變別人，那只有調整自己了。當你被別人的偶爾批評而煩惱的時候，不如轉移一下自己的看法和觀點，採用一種令人愉悅的看法來看待事情，比如把別人的批評當成激勵你的話語。另一方面，我們之所以在意別人的評價，之所以生氣，是因為我們對自己缺乏信心。只要我們堅信自己，就能正確面對別人的批評。

十九世紀中葉，美國實業家菲爾德率領工程人員，要用海底電纜把「歐美兩個大陸連接起來」。為此，他成為美國當時最受尊重的人，被譽為「兩個世界的統一者」。

然而，在舉行盛大的接通典禮上，剛被接通的電纜傳送信號突然中斷。人們的歡呼聲變成了憤怒的狂濤，都罵他是「騙子」、「白癡」。可是，菲爾德對於這些毀譽只是談談一笑。他不作解釋，只管埋頭苦幹。經過六年的努力，最終通過海底電纜架起了歐美大陸之橋。

菲爾德作為一個理性的人，在面對憤怒的狂濤時，沒有對之回報咒罵，而是調整好自己，忽略那些消極負面的影響，用努力的成果再次證明自己。

蘇軾信佛，且與佛印和尚交好。有一次，他寫信給佛印，說自己參禪悟道已經深得其中妙義，不受世間利害榮辱所侵擾。佛印看後，只回「放屁」二字。蘇軾看到佛印用這兩個字評價自己，立刻火冒三丈去找佛印。佛印見到蘇軾，笑道：「你不是八面風吹不動，怎麼『放屁』二字就讓你如此呢？」蘇軾這才明白自己還是修行不夠，定力不足。

定力不足被人激怒，是因為你太在意別人的看法。要知道不管別人怎麼看、怎麼說，你仍舊是你，不會多什麼，也不會少什麼。要是因為這樣的批評而心中徒生無數煩惱，那又怎麼能快樂生活呢？

面對別人的批評，我們應該怎麼做才不會陷入抓狂生氣的漩渦裡呢？不要在意，平淡處之，這樣才不為之糾結。如果他人提出的批評可以接受，那就有風度地接受；就算是惡意攻擊，那更要堅定自己的信心，不被他人的評價所傷害；甚至有些人只不過是為了貶低你而藉此抬高他自己，那你就更不用生氣了。林語堂和魯迅因為政治立場不同，一直被魯迅寫文章批評，但他還是說：「我始終敬魯迅。魯迅顧我，我喜相知；魯迅棄我，我亦無悔。」這麼坦蕩的風度正是我們應該學習和修煉的境界。

不必自責，犯點小錯是可以理解的

當一件不好的事情發生，很多人都習慣自責。我們習慣依賴別人的認可來肯定自己，所以每當我們犯了錯誤，總是不能妥善處理這種情緒，會不由自主地責備自己。

金無足赤，人無完人。誰都會犯錯，這合情合理。犯錯了，知錯能改，道歉彌補，下次不再犯就是了。然而，有很多人卻在心裡讓這個「錯」一直留下來。久而久之，他們就成了習慣，只要一有錯事，就開始自責、懊悔、難受，把自己的快樂都擠跑了。

以前，溫強在別人眼裡都是那種不用看書就能考高分的天才。

但是大二的時候，溫強一不小心說錯了話，造成同學之間的不和睦，因此有了強大的負罪感。從那時起，他每天渾渾噩噩，一醒來就開始想這件事，然後夜夜失眠。這件事如果能讓它過去就過去了，但是溫強一直自責。如此墜入惡性循環，溫強什麼事情也做不成，荒廢了學業，日漸傾頹。

直到現在，溫強做什麼事情都會想到以前的事，因此無論做任何事都猶猶豫豫、顧慮重重，結果做什麼都失敗，做什麼都沒信心。溫強覺得自己已經被「自責強迫症」影響和控制了。

對於已經發生的事情和我們正在面臨的現實，在心裡追悔自責之於現是毫無意義的。我們都知道「人非聖賢，孰能無過」。當你做錯事情了，認識到自己的錯誤，就應積極去改正，去彌補；無法放下，無法釋懷，只會讓自己的心帶上枷鎖，缺乏自信，再也無法坦然面對其他人。

沒有人是永遠正確的。當你做錯了事的時候，你不妨想，別人興許也會犯這樣那樣的錯。你可以學著寬容自己，原諒自己。

娜麗自殺後，莎莎一直生活在自責中，無法釋懷。原來莎莎與娜麗是室友，同在讀研究所，彼此感情非常要好。但是，娜麗一直有嚴重的學習壓力，曾一度想休學，所以時常變得很消極。

入夏以來，娜麗忽然變得十分懶惰，翹了許多課，也不收拾自己的屋子，還經常一個人呆坐在電視機前，沒完沒了地看電視，吃零食。有一天，莎莎從學校回來，看見娜麗還在百無聊賴地看著電視，滿地的零食也不收拾，感到十分生氣，忍不住數落了她一頓。結果兩個人好幾天沒講話。

過了幾天，娜麗兩次在半夜找莎莎聊天，都被莎莎拒絕了。一次是莎莎正在趕寫報告，不想被打攪；另一次是莎莎感冒吃藥之後剛剛睡下。不過莎莎答應二天晚上再去找娜麗。不料，第二天中午當莎莎回宿舍換衣服時，發現娜麗已經吃安眠藥自殺了。

死前，娜麗給莎莎留了一張紙條，說自己的壓力太大，跟不上學校的進度，祝莎莎學業有成。最後，娜麗還提醒她要多關心別人。莎莎對於自己一再忽略娜麗的求救訊號感到懊悔不已，連日都無法安然入睡。

莎莎覺得自己是個罪人。她認為是自己的冷漠促成了娜麗的自殺，她不能原諒自己那兩天的粗心與無情，她感到自己的精神在崩潰。

人生最可怕的就是背著心靈的包袱上路。只有學會放下包袱，放下自己曾經做過的錯事，原諒那些無心的過錯，原諒那些意外，這樣才能掃清自己心靈的痛苦，為快樂騰出空間。

做錯事情是可以理解的，並不可怕。我們不能因為做錯一件事就永遠被打敗。關鍵是在犯錯之後，我們要認識到自己的錯誤，鼓起勇氣直視自己的錯誤，寬容自己，放下包袱，這樣才能用晴朗的心情迎接每一天的朝陽。

出言不遜的爭吵既傷了對方，也害了自己

世界上對別人最深的傷害永遠是語言，當我們對別人出言不遜的時候，也就是把釘子釘進了別人的心中，而且這樣的傷害是永遠無法彌補的。

和別人討論事情，意見分歧，通常都會和對方爭個高低。有時候，爭論的雙方會變得很尖酸暴躁；甚至從一開始的小事，牽扯到一些不相干的事情；更糟糕的是，最後還發展為人身攻擊。

其實，討論問題本來應該就事論事，沒必要出言不遜。我們是為了解決問題而交流，不是為了吵架。一旦發生爭吵，惡語相向往往令事情變得不可收拾。

某年夏天，烈日炎炎，陳民為了降溫，在自己家的樓頂灑水。此時，鄰居郝梅正好經過陳家的門口，不小心水濺到她的身上。

郝梅回家向家人提及此事。郝梅的丈夫阿忠及女兒便到陳民家理論。陳民認為不慎將水濺到郝梅，屬無心之失。可阿忠卻認為陳民是故意的，現在他們找上門來了，陳民還不承認。兩方各執己見就吵起來了。

最後陳忠的女兒動手打陳民，導致雙方引發鬥毆。

事件的起因本是小事，但爭論雙方常常是是非不分，動不動就因觀點不同、思想理念不相近，而相持不下，繼而進行人身攻擊和謾罵。於是乎，雙方你來我往，兵戎相見，不見輸贏誓不甘休，完全喪失了就事論事的探討初衷。結果可想而之。爭吵到最後，雙方都沒有勝利。

在生活中，我們不僅應該保持自己內心的平靜，還要盡量與他人和睦相處。當意見不同的時候，可以就事論事，討論問題，這樣才可以在愉快的環境中解決問題。

美國歷史上最能幹、最和善的外交家班傑明・富蘭克林年輕時是一個爭強好勝的人。他覺得自己總是有理。

有一天，他一位老朋友訓斥了他，這才使他有如醍醐灌頂，猛然醒悟。

當佛蘭克林發覺自己在人際方面有嚴重問題之後，他決心改正，拋棄先前傲慢武斷、喜歡爭執的心態。「我立下一條規矩，」佛蘭克林說，「不正面反對別人的意見，也不准自己太武斷。我甚至不准許自己在文字或語言上措辭太肯定。我不說『當然』、『無疑』，而改用『我想』、『我假設』、『我想像』或者『目前我看來是如此』這些語言。當別人陳述一件我不以為然的事時，我不立刻反駁，也不立即指正他的錯誤。我會在回答的時候，表示在某些條件和情況下，他的意見沒有錯；但在目前這件事上，看來好像稍有不同，等等。」

久而久之，富蘭克林與人溝通越來越和諧了。佛蘭克林說：「我很快就領會到改變態度的收穫。凡是我參與的談話，氣氛都很融洽。我以謙虛的態度來表達自己的意見，不但容易被接受，也減少許多衝突。」

要想使一個人心服口服，並不是靠唇槍舌戰及無休止的爭論才能達到。我們要就事論事，在與別人溝通交流時控制好自己的情緒，專注傾聽別人的意見。

當我們和別人有分歧時，要辨明事情的最佳處理方法，要照顧到對方的意見，不要以自我為中心。這樣，我們才能在和諧的環境團結合作。

想想看，一年之後是否還會糾結這些小事

我們應該把眼光放長遠一些，不盯著小事不放，這樣你就會發現有些事情就像芝麻綠豆那麼點大，不放在心上就絲毫不會對我們產生影響。

我們常說時間會讓我們忘記悲傷，治癒傷痛。的確如此，時間可以解救我們被雞毛蒜皮的小事糾纏的心靈。我們不妨想想，隨著時間的流逝，傷痛總會過去的，煩惱也一樣。把眼光放遠，你會發現真的不值得為一些小事抓狂。

生活中，我們因為計較小事而常常生氣，久久不能釋懷。可是，日子總要繼續往下過。一年後，你還會為這件小事而煩惱嗎？你一定會笑著說：「那都是多少年前的事，早就不記得了。現在想想，還對當時的自己感到好笑。其實，都是小事。」

當我們回憶過去的不開心，會發現很多事情就是這樣。當初覺得多麼糾結的事情，現在看來都無關緊要了，不知道當時自己為什麼那麼生氣。

前年，譚冰和丈夫因為打掃這些瑣事吵架，越吵越厲害，接著便把一些陳年舊事都搬出來了。大吵後，譚冰提出離婚，並拿出紙和筆，寫好了離婚協議。

擬協議時，二人再次爭執。譚冰說：「我真的認為我們不合適，性格完全不同，真後悔嫁給你。」這次吵架兩人翻出結婚證，氣沖沖地把證給撕了。

第二天，二人帶著戶口名簿、身份證以及離婚協議書，堅決直奔離婚登記處。但是由於二人沒有「結婚證」，要離婚，必須先補辦結婚，才能離。他們只好回去找結婚見證人，二人找到了共同的朋友。朋友仔細分析他們雙方存在的問題。兩人發現這些問題都是芝麻小事，而且兩人仍相愛，實在不需要走到離婚。

現在，回想起那時的事情，譚冰說：「真的只是一件很小的事情，就是倒垃圾，然後不知怎麼的吵起來了，現在看來完全沒有必要，一點也不要緊。」

確實，放下了，你就會發現，為雞毛蒜皮的小事生氣實在是沒有必要。我們要嘗試把煩惱看小看淡，積極去淡化世俗的紛擾。

一位滿臉愁容的生意人來到禪師的面前說：「我急需要您的幫助。雖然我很富有，但人人都對我橫眉豎眼。我感覺生活像一場充滿爾虞我詐的廝殺。」「那你停止廝殺就好了。」禪師回答他。

生意人對這樣的告誡感到無所適從，他帶著失望離開了禪師。在接下來的幾個月裡，他的情緒變得糟糕透了。他與身邊的每一個人爭鬥，由此結下了不少冤家。一年以後，他心力交瘁，再也無力與人一爭長短。

一天，他又來到禪師的面前：「唉，現在我不想跟人家鬥了。但是，生活還是如此沉重，生活真像扛著沉重的擔子啊。」

「那你就把擔子卸掉吧！」禪師回答。生意人對這樣的回答很是氣憤，又怒氣沖沖地走了。在接下來的一年，他的生意遭遇了挫折，最終賠光了所有家當。妻子帶著孩子離他而去。他變得一貧如洗，孤立無援，於是他再一次向禪師討教。

「我現在已經兩手空空，一無所有了，生活裡只剩下了悲傷。」「那就不要悲傷了。」生意人似乎已經預料到會有這樣的回答，這一次他既沒有失望也沒有生氣，而是選擇待在老禪師居住的那座禪寺。

有一天，他突然悲從中來，傷心地大哭起來，幾天，幾個星期，乃至幾個月流淚。最後，他的眼淚哭乾了。他抬起頭，早晨和煦的陽光正普照著大地。於是，他又來到禪師那裡。

「請您告訴我，生活到底是什麼呢？」

禪師抬頭看了看天，微笑著回答：「一覺醒來又是新的一天。你沒看見每天都升起的太陽嗎？太陽每天都是新的。無論遇到怎樣的不快，無論內心有多不滿，卸掉生活的重擔，放下一切，看開一切，你會發現每一天都是美好的。」

生活中有許多小事，我們因為計較這些事情而陷入痛苦萬分的情境，因此感到悲觀沮喪，但是只要我們以積極的心態去化解煩惱就能解救自己。

多一點耐性，你會更順心

只要我們靜下心來，多些耐心，我們生活中五分之四的煩惱都會不見。心煩意亂無法幫助我們解決問題，與其在慌亂、氣憤中尋找出路，不如拭去浮躁，讓自己的心沉靜下來，這樣才能抓住要領，找到答案。

人生短暫，年華也匆匆流逝。很多人會覺得生命如此有限，而自己還有很多願望沒有實現，所以我們變得越來越浮躁，遇事處理不順就很急躁。可是，「快刀斬亂麻」顯然不是良策。因為當你急於想找到解決辦法而缺乏思考，只為快點結束而隨便選擇一種解決問題的途徑時，就變成「慌不擇路」了。所以，遇事還是要保持心態平和，靜下心來，多一點耐性才會更順心。

世上很多事情，都需要順其自然。做事多點耐心，多點平和，才能愉快解決問題，減少煩惱。我們可不能做「揠苗助長」的農夫，急於求成，什麼事也辦不好，反而還會帶來許多不必要的麻煩。

劉全在偏遠的村莊買了滿滿一車的西瓜，用拖拉機載往城裡，希望能賣個好價錢。由於從村裡出來的路彎彎曲曲、坑坑窪窪的。於是劉全便向路邊一位農夫打聽這裡離大馬路的距離。

「慢慢走，你再過十分鐘就能到大馬路。」老農答道，「但如果快速趕路，將會耗費你很多時間，甚至白趕路了。」

「這是什麼道理？瘋子！」劉全不加理會地說道。

問完路，劉全駕著車快速前進。不料還沒走遠，車輪就撞到石頭，裝滿西瓜的車猛烈地搖晃起來。西瓜掉到地上。由於車速的衝擊力太大，輪胎被鋒利的尖石劃破。

劉全很無奈，西瓜賠本不算，還要修補輪胎。折騰了很久，車子總算可以開動了，可他卻累得無法動彈。劉全疲憊地爬回駕駛，想動也動不了。

此時，農夫的話在他耳邊響起。劉全恍然大悟，如夢初醒。在之後的道路上，他小心翼翼地開車慢行，很快到達大路。只不過，那時天已經黑了。

我們有時候又何嘗不是這樣呢？總是沒什麼耐性，急著趕赴下一個目標，覺得還有更偉大的目標等著自己去完成，可是我們越心急，事情越辦不好，心情也因焦躁煩悶而變得更加糟糕。所以，還是多些耐性，認真做好自己眼前的事情，這樣才能為以後打下良好的基礎。多點耐心就更順心。

別以為每一個人都應該喜歡你

不要強求那些不喜歡你的人也喜歡你，那你就是太貪心了。貪心不足，就會招來煩惱，那可就讓人不愉快了。

有些人本身很有魅力，認為其他人也都會喜歡自己。結果他發現總有一部分人待他很不友善，甚至懷有敵意。於是他努力與這些人溝通，結果得到的往往是冷眼和閉門羹。

人們希望被別人接納，為此付出努力，這並沒有錯。但是，這世上每個人都是獨一無二的，都有自己的喜好和看法。就算你再怎麼完美，也不可能讓每個人都喜歡你。

玲玲和林森結婚之後就辭去工作。在家沒事可做，她就上上網、做做家務、打扮打扮什麼的。因為是和婆婆住在一起，婆婆看著她整天這樣無所事事就不順眼。儘管玲玲很想跟婆婆好好相處，可是婆婆總對她橫挑鼻子豎挑眼，老是在她身上挑毛病。

因為無法忍耐婆婆的挑剔，於是玲玲到朋友的連鎖超市當店員。

在工作中，玲玲也算認真，但是她的上司總是時不時地找她麻煩，抓她的小辮子。最初玲玲還耐心地和上司溝通，甚至有點討好了。誰知，上司不領情，對待她的態度依然沒有任何改變。後來，在一次會議上，明明不是她的錯，上司卻當面指責她。這使她感到非常氣憤，竟然和上司吵起來了。這下，她的朋友也為難了，玲玲只好辭職。

林森知道這樣下去不行，便帶著玲玲向心理醫生諮詢。一問之下，玲玲才說：「我想讓每個人都喜歡我，但是現在我什麼也沒做好，反而越做越錯。」醫生聽完，就讓玲玲把自己親朋好友分成三類：喜歡玲玲的、介於喜歡和討厭之間的、討厭玲玲的，並將名字寫在紙上。結果，玲玲發現喜歡自己的人還是有很多的，不喜歡自己的人才寥寥幾個。她心中鬆了一口氣。

醫生接著又問：「你能不能做到喜歡世界上的每一個人，包括婆婆在內？」她想了想，搖了搖頭。「既然自己不能做到喜歡每一個人，那麼反過來要求每一個人都喜歡你，是不是不合理呢？」這下，玲玲終於明白，原來長久以來自己都在鑽牛角尖，因為一個不可能的事情把自己的生活弄得如此糟糕。

佛家說：「人生七苦，生、老、病、死、愛別離、怨憎會、求不得。」有欲必有求，欲望是一切煩惱和痛苦的根源。所以當我們心中升起「所有人都喜歡我」的欲望時，煩惱便來了，而且越求不得就越煩惱，最後人生就剩下煩惱和苦痛了。其實，我們要做的只是放開自己的心，放下欲望。趕快看清楚這個現實吧！不必試圖討好所有人，只要做好你自己，這樣就會發現人生其實很快樂！

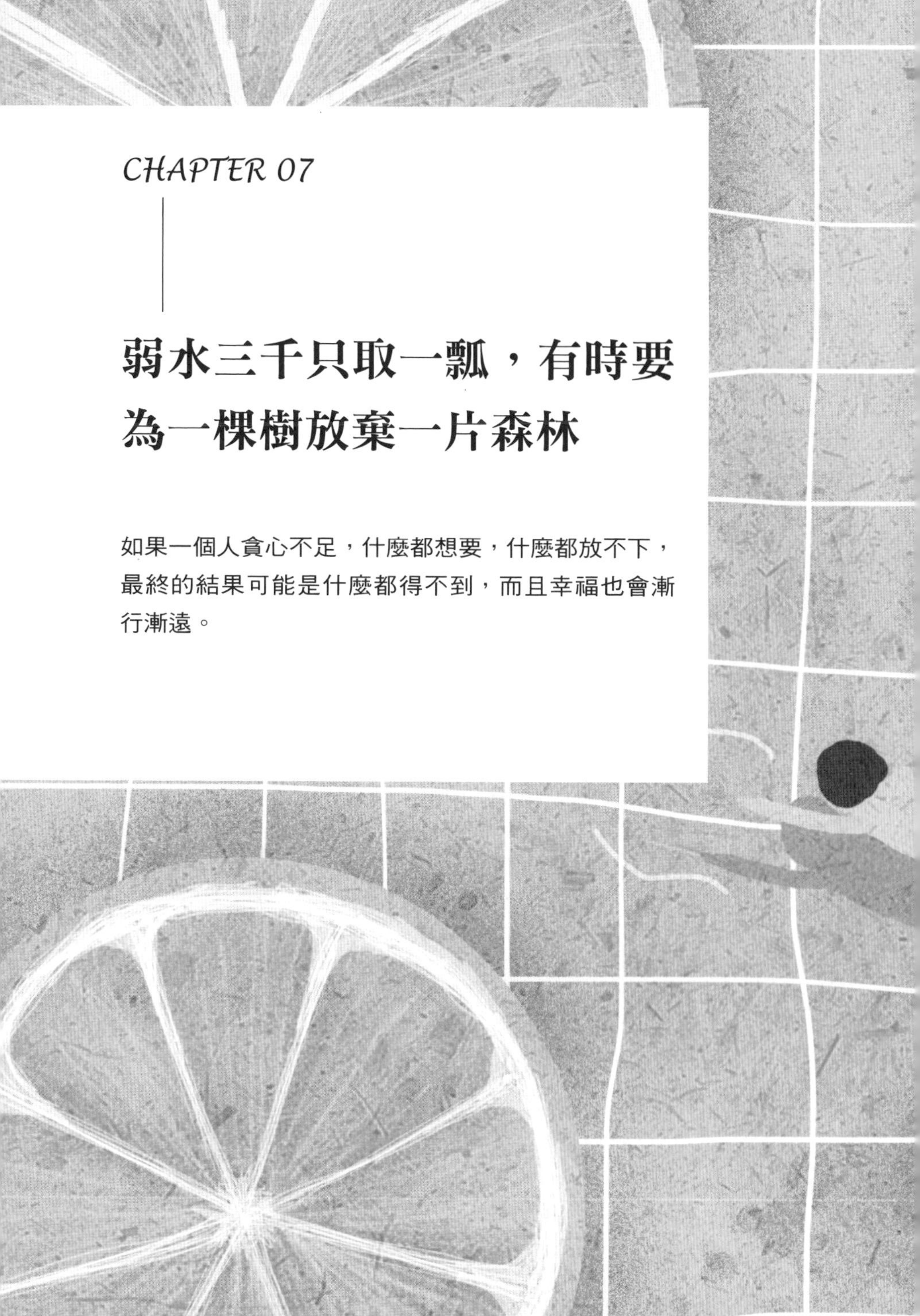

CHAPTER 07

弱水三千只取一瓢，有時要為一棵樹放棄一片森林

如果一個人貪心不足，什麼都想要，什麼都放不下，最終的結果可能是什麼都得不到，而且幸福也會漸行漸遠。

一個人知足常樂也是一種成功

選擇簡單快樂的生活，放下沉重的包袱，才能輕裝上陣，擁有輕鬆自在的生活。名利的羈絆讓人備受煎熬，拋棄才會怡然自得，贏得樂觀豁達的人生。

我們總是習慣性地把一個人的成功定義為權傾天下、富甲四方或功成名就。於是面對這些誘人的目標，很多人踏上了尋找成功的旅途。然而在這個喧囂浮華的世界裡，許多人在這條道路上迷失了自己，忘記了自己最初為什麼踏上征程，甚至連曾經期待的美好生活都被自己以「我很忙」為藉口拒之門外了。

很多人都會這樣想：「等我升了高職、當了大官，有了足夠的錢，那時就算成功了。等我成功了，再好好享受生活，好好陪老婆孩子。」誠然，我們的人生是要有目標和意義，但我們最終追求的無非是幸福。可是，如果把幸福的砝碼完全押在外在的物質層面上，不關注自己內心世界是否快樂，那就不能掌握幸福的主動權。

一位外國遊客到法國旅遊。一天，他走進一座美麗的花園。花園裡花紅草綠，小徑清幽。別人告訴他，這都是一位老花匠的功勞。遊客聽罷，便想去看看這位老花匠是如何工作的。遊客觀察到，老花匠不但修枝剪草的技藝高超，而且工作時特別認真投入，於是這位遊客決定高薪聘請他到國外去工作。

可是，當這位遊客發出邀請後，這位老花匠卻說：「我在自己的國家生活得很好，我很熱愛這份工作，我不想離開這裡。」外國遊客有些失望，但又不死心，因為他打心眼兒佩服這位老花匠。於是，他向這裡的人打聽這位老花匠的經歷和背景。人家才告訴他，這位上了年紀的花匠是法國的前總統密特朗。

人總是希望有所得，以為擁有的東西越多自己就會越快樂。這樣一種心態迫使我們沿著追尋獲取的路走下去。可是，有一天，我們忽然驚覺，我們的憂鬱、無聊、困惑、無奈、一切不快樂，都和我們的要求有關。我們之所以不快樂，是我們渴望擁有的東西太多了，或者太執著了。不知不覺，我們已經背負了許多沉重的包袱。

愛默生說過：「人生最大的智慧就是懂得放棄，我們每個人都有難以割捨的東西，放棄也許是一種勝利，是一種智慧。」人活一輩子，與其拚命掙扎獲取功名利祿，不如放棄名利，平凡度過一生。

曉楠畢業於南京一所名牌大學，學習電子商務專業的她，畢業沒幾年就領了高薪。可是有一天，她忽然辭去這份高薪工作。朋友問她此去何以為生，她回的短信似玩笑：「去天橋下擦皮鞋。」

當然，她沒有真的去擦皮鞋，而是把自己買的兩間套房簡單裝修之後，租了出去。她淡淡地說：「應對日常生活，這點租金足夠了。」她買日常蔬菜不再去超市，改去菜市場；自己對鏡剪髮及染髮；看書去圖書館，看電影租DVD；曉楠甚至學會了自己曬乾茉莉和藥菊，自己買草藥來配花草茶；自己做錦緞靠墊來裝飾房間，自己做漂亮的手模餅乾來招待朋友。高興的時候，她還會替別人做一點設計、攝影或撰稿。

曉楠感歎說：「從前我以為自己需要的是那麼多，月薪再多也感覺像窮人。現在發現自己需要的其實這麼少，所賺不多，可是天天有唱歌的心情。」

現在，她的時間和金錢主要用來旅遊，她說：「不是每個人都能健康地活到六十歲。就算你六十歲之後還有餘力環遊世界，但是你的心境，看到的世態人情，也與二十幾歲完全不一樣。」

生活雖然簡單樸素，但是曉楠每天都很快樂。她覺得這就是生命的追求——簡簡單單、快快樂樂。

老子說：「五色令人目盲；五音令人耳聾；五味令人口爽；馳騁畋獵令人心發狂；難得之貨令人行妨。」面對林林總總的誘惑，很多人迷失方向，失掉快樂。

若一個人不為名而爭、不為利而奪、不為情而迷，看淡名利欲望，放下了它們，不為其糾纏，那他的生活必然會輕鬆快樂。

人生就是如此，減輕生命的包袱，放棄自私的欲望，放棄對權力的角逐，放棄對金錢的貪欲，放棄對名利的爭奪，這樣才可以放飛心靈，還原本性，與快樂結緣，真實享受人生。

「騎驢找馬」，最終連驢都會丟了

就算真的要「騎驢找馬」，也不要虐待那匹「驢」。要麼放棄這頭驢，要麼把它當成自己的夥伴和愛人，認真對待。

相親越來越盛行的今天，「騎驢找馬」的人也變多了。很多人對待愛情和婚姻都抱著「騎驢找馬」的心態，覺得自己的對象不夠好，妄想在不分手的情況下再找找，看是不是會遇見自己的真命天子或真命天女。抱著這樣的心態，不懂得珍惜自己所擁有的，不努力經營自己眼前的感情，最終這些人都會找不著「馬」，還丟了「驢」。

一個挺漂亮的女孩愛上一個男孩，很自然地，女孩開始人生的初戀。

女孩可人的樣貌和清雅的氣質令男孩深深癡迷。他希望和女孩終身相守。可是女孩卻拒絕了：「你是我的第一個男朋友。誰知道我以後會不會遇到比你更好的人。這樣吧，一年以後再說吧，如果我們真的有緣，自然還會相逢。」

男孩聽了很傷感，但他沒有因失戀而失態，而是從此發憤圖強。一年後，他的工作業績傲人，已從普通辦事員升為部門經理。此時，男孩接到女孩的電話：「在這一年裡，我見過不少男孩，還是覺得你最好，我們結婚吧！」「真對不起，我已經和另一個女孩結婚。」男孩平靜地說。

有些人自以為精明，總喜歡抱著「騎驢找馬」的心態去戀愛、去工作。可是，如果連眼前擁有的都不珍惜，不認真經營，那最理想、最期盼的目標你永遠也攀不上。試想，「騎驢找馬」這一類人打著自己的小算盤，三心二意，肯定做不好事。就算是馬也喜歡好騎手，但你若連驢都駕馭不了，怎麼能是好騎手呢？

試想，如果你一心在找新的工作，你的上司怎麼會要一個三心二意的員工呢？所謂的騎驢找馬最後只會變成一無所有。

珍惜現在擁有的，好好做著自己每一天的工作，認真經營，我們才能把小事做好，才能在自己的崗位上做出好成績。永遠不要抱怨工作有多麼無聊，只要開始工作，就有提升和充實自己的機會。

堅持錯誤的方向，只會離成功越來越遠

一個人能不能走向成功，有一個關鍵是他的方向是不是正確。

只要是正確的方向，哪怕我們走得慢，也能一步一步靠近成功；倘若走錯了方向，不僅以前的努力徒勞無功，更可能離成功越來越遠。可見，方向決定我們的未來。在不斷奔忙的生活中，你是否思考過自己堅持的到底是不是正確的方向。

有一個潦倒落魄的畫家，他一直堅持著自己的理想，除了畫畫，不願從事其他的工作。但是他所畫出來的作品又一張也賣不出去，搞得他三餐沒有著落。幸好街角餐廳的老闆心地很好，總是讓他賒欠每天吃飯的餐費。窮畫家也就天天到這家餐廳來用餐。

一天，窮畫家在餐廳裡吃飯，突然之間靈感泉湧，拿起桌上潔白的餐巾，用隨身攜帶的畫筆，蘸著餐桌上的醬油、番茄醬等調味料，當場作起畫來。餐廳的老闆也沒制止他，反倒趁著店內客人不多的時候，站在畫家身後，專心地看著他畫畫。

過了好一會兒，畫家終於完成他的作品。他拿著餐巾，搖頭晃腦地欣賞著自己的傑作，深覺這是他有生以來畫得最好的一幅作品。

這時，餐廳老闆開口道：「嗨！你可不可以把這幅作品給我？我打算把你所積欠的飯錢一筆勾銷，就當作是買你這幅畫，這樣好不好啊？」

窮畫家非常感動，驚喜道：「什麼？連你也看出來我這幅畫的價值啊！看來，我真的是離成功不遠了。」

餐廳老闆連忙道：「不！請你不要誤會。事情是這樣的，我有一個兒子，他也像你一樣，成天只想要當一個畫家。我之所以要買這幅畫，是想把它掛起來，好時時刻刻警惕我的孩子千萬不要落到像你這樣的下場。」

一味堅持錯誤的方向，不撞南牆不死心，這樣只會離成功越來越遠。

當你意識到自己的方向有誤時，不妨停下來轉個彎，因為停下來就是進步的開始，轉彎就是新方向的前進。

打高爾夫球需要頭腦和全身器官的整體協調，而擊球的關鍵則在於兩個「D」，即方向（Direction）和距離（Distance）。初學者只想著把球打遠，而忽視方向的重要性。其實，把球打直要比打遠更重要！所以，擅長打高爾夫的人都會謹記這樣一條原則：「方向比距離重要。」當然，這條原則也同樣運用在我們的人生選擇——選擇和堅持正確的方向。

我們一直在強調方向的正確性，但並不是每個人都在最初就找到屬於自己正確的方向。

一位企業家談到自己成功的祕訣時，曾經說：「第一是堅持，第二是堅持，第三還是堅持，第四是放棄。」他的朋友很訝異，問道：「為什麼第四是放棄？」他笑著說：「如果你確實努力再努力了，還不成功的話，那就不是你努力不夠的原因，恐怕是努力的方向以及你的才能是否匹配的事了。這時候最明智的選擇就是趕快放棄，及時調整，及時轉個方向，尋找新的努力目標。」

克爾的工廠由於機器設備陳舊，生產的膠水黏性不好，沾上膠水的東西能夠很輕易地被撕下來，導致許多用了此膠水的客戶紛紛退貨。工人建議他更換新設備。可這卻要花很多錢，小工廠無力承擔這筆費用。情況一天天惡劣，難道他就眼睜睜地看著工廠倒閉嗎？

克爾突發奇想，用這些膠水做便利貼！由於膠水黏性低，不會在物品上留下痕跡，易貼易撕，作為留言工具恰到好處。說做就做，克爾生產出來的第一批便利貼一上市便立刻脫銷。

聰明的人善於在絕境中理智地放棄，學會轉彎，謀得出路。

在許多時候，寧折不彎，只有死路一條；學會轉身，才能另有出路。放棄原來錯誤的方向，轉彎尋找新的成功之路，這才是明智的抉擇。只有正確的堅持才有可能取得最終的勝利。如果經過認真分析，意識到自己的方向錯了，那就勇敢地轉彎，修正你的人生道路吧！

做適合自己的事並且堅持下去，再笨拙的人也會成功

在現代這個社會裡，能清楚什麼是最適合自己的，並且安然接受它，是一件多麼不容易的事情啊！

每個人都想做出一番轟轟烈烈的大事，過自己嚮往的生活。所以，我們就在人生路上不斷尋找。羨慕當官的有權有勢，自己也去做官；豔羨經商開公司的人有錢有地位，自己也去開公司；喜歡當明星的風光，自己也去做明星……可是，在社會上掙扎了許久，我們才發現那些曾經羨慕的工作原來不適合自己，成功更是遙遙無期，甚至自己曾經嚮往的豪華生活也並未讓我們感到幸福。

其實，我們在選擇人生事業或生活的時候，不要只注意熱門的行業；不要只注意頭銜職位，不要只注意流行的趨勢，而是要選擇自己的個性和能力合適的工作，選擇自己合適的生活方式。只有這樣，我們的積極性才會發揮到最高，我們的幸福感才能達到最好。

如果用一句話詮釋《阿甘正傳》，那最好的答案就是：「跑，福雷斯，快跑！」上帝給了一個孩子七十五分的智商，同時也給了他一雙飛毛腿。所以奔跑是阿甘最拿手的事。於是，阿甘確實在不停地奔跑，跑過追趕他的孩子，跑過橄欖球，跑過死亡，同時跑來巨大的榮譽。

向前奔跑是阿甘的一種精神。面對命運，阿甘從沒擔心過自己的智商只有七十五分。他所做的，所關注的，只是做他最適合的事情，並且努力做到最好。

《阿甘正傳》裡的阿甘，不管下一步要面對什麼，他總能平淡接受，並把自己做到最棒，不怨天尤人，也不自暴自棄。阿甘所做的，其實是最簡單，那就是做最好的自己，不停下自己的腳步。

做適合自己的事情，即使笨拙如阿甘也會成功。然而絕大部分的人很難認清適合自己的工作和生活，更經常被不適合自己的人生選擇所折磨。

所以，認清自己，知道什麼是最適合自己，正是開啟成功人生和幸福生活的第一步。比爾・蓋茲就是一個知道什麼是最適合自己的人。當年他在哈佛大學讀法律系，但是他認識到最適合自己投入的行業是資訊業。於是他選擇輟學改行去創立微軟。最後，他不只做了適合自己的事，也做了一件改變人類習慣的大事。

每一個人的天賦不同，個性不同，優勢也不同。所以，別人的經歷只能參考，不能照單全收。我們想要成功，最重要的是選擇最適合自己的，做好它，那麼成功就離你不遠了。

什麼事情才是最適合自己的事情？很多人都煩惱找不到適合自己的事，抱怨自己每一天都在不適合自己的工作上受折磨，為不適合自己的居住城市或生活方式牢騷滿腹。其實，找到適合自己的事，也不像傳說中那樣難。

我們判斷一個人是不是成功，最主要的是看他是否最大限度地發揮了自己的強項和優勢。這些優勢本身的數量並不重要，重要的是你應該知道自己的優勢是什麼，弱勢是什麼。之後要做的就是敢於放棄弱勢，將你的生活、工作和事業發展都建立在你的優勢之上，這樣你才會成功。所以，如何找到自己適合的事情呢？答案就是最大限度地發揮自己的強項和優勢。

我們每一個人都有自己的長處和優勢，只是自己不清楚而已。靜下心來，想想你最拿手的是什麼事，客觀地把它寫出來；問問自己的朋友，了解在他們眼中你的優勢是什麼；回憶你曾做過最有成就感的事情和最值得驕傲的事情是什麼，仔細描述過程，發現自己的能力；好好想想你能不能將自己的優勢發揮到最大化。

總之，經過這麼一番自我剖析，你必定可以根據自己的強項，找對自己適合的事情。同樣，適合自己的生活是什麼樣，你也可以根據自己的性格和喜好去選擇。

開始的時候，不要妄想一下子做大事，這樣容易眼高手低。關鍵是做適合自己的事情，做好適合自己的事情，樣當你接近成功的時候，就會發現做好最適合自己的事等於是做成一件大事。

專注於一個目標上，遲早會有成就

如果你專心做一件事，埋頭苦幹，哪怕是一件小事，也能把你從渺小的凡人造就成偉大的人物。

人不能在同一時刻既抬頭望天又俯首看地。正如俗話說：「你要一下把天下的麻雀捉盡，那結果是一隻也捉不到。」人生短促，每個人的精力有限，如果把自己有限的精力分散到無數的目標上，那你怎麼可能成功？誠然，若說成功有什麼祕訣的話，那就是「專注」。

所謂「專注」，就是把自己的意識集中在某個特定的行動上，並要一直集中到已經找出實現這項欲望的方法，而且成功將之付諸實際行動為止。可見，專注做事的人知道自己現在做什麼，也明白自己的夢想，因此會儘量避開歧途和不重要的支線，以免妨礙主要目標的進展。只有專注，只有將內在心靈的焦點集中在自己特定目標上，你才能超越別人。

小時候的帕瓦羅蒂就展現了唱歌的天賦。長大後的帕瓦羅蒂依然喜歡唱歌，但是他更喜歡孩子，並且希望成為一名教師。於是，他考上一所師範學校。

在將畢業的時候，帕瓦羅蒂問父親：「我應該怎麼選擇？是當教師呢，還是成為一個歌唱家？」他的父親這樣回答：「盧西亞諾，如果你想同時坐兩把椅子，你只會掉到兩個椅子中間的地上。在生活中，你應該選定一把椅子。」

聽了父親的話，帕瓦羅蒂選擇了教師這把椅子。但是，帕瓦羅蒂因為缺乏經驗又沒有權威感，工作並不順利，最終他只好離開學校。於是，帕瓦羅蒂又選擇了另一把椅子——唱歌。

近七年的時間過去了，他還是無名小輩。帕瓦羅蒂苦惱極了。偏偏在這個時候，他的聲帶上長了一個小結。在菲拉拉舉行的一場音樂會上，他被滿場的倒彩聲轟下臺。失敗讓他產生了放棄的念頭。

這時，冷靜下來的帕瓦羅蒂想起了父親的話，於是他堅持了，專注於自己的歌唱事業。幾個月後，帕瓦羅蒂被選中於一九六一年四月二十九日在雷焦埃米利亞市劇院演唱著名歌劇《波希米亞人》。這是帕瓦羅蒂首次演唱歌劇。從此，帕瓦羅蒂成為活躍於國際歌劇舞臺上的最佳男高音。

當有人問帕瓦羅蒂的感悟時，他說：「你如果想同時坐在兩把椅子上，只會從椅子中間掉下去。所以，生活要求我們只能選擇一把椅子坐。每個人的精力都有限，我們不可以同時做好很多事情，我們不能同時坐兩把椅子。我們應該找到自己的興趣所在，堅持發展下去，選中適合你的椅子，堅持專注在適合自己的道路上。學會專注，方能有所成就。」

三心二意的人很少能取得大成就，但專心做一件事的人，遲早都會有成就的。先哲早就說過，精力集中在一點上能成就大事，志向確定在一件事情上，並全心全力投入，不避險阻、不辭艱苦、不計患難、不計得失、不計生死……能做到專注如此，還有什麼難以成就的事情呢？

有一次，一個青年苦惱地對昆蟲學家法布林說：「我把自己全部精力都花在我愛好的事業上，結果卻收效甚微，這是怎麼回事？」

法布林贊許地說：「看來你是一位獻身科學的有志青年。」因為法布林覺得科學家都是幾十年如一日地把自己的精力放在自己愛好的事情上。

這位青年說：「是啊！我愛科學，可是我也愛文學，對音樂和美術我也感興趣。我把時間全都用上了。」

聽到這裡，法布林從口袋裡掏出一個放大鏡說：「把你的精力集中到一個焦點上試試，就像這塊凸透鏡一樣！」

舉凡學者、科學家取得的成就，無一不是「聚焦」的功勞。法布林為了觀察昆蟲的習性，常常專注到廢寢忘食的地步。有一天，他大清早就趴在一塊石頭旁。幾個村婦早晨去摘葡萄時看見法布林，到黃昏收工，仍然看到他趴在那兒。她們實在不明白：「他花一整天的工夫，怎麼就只看一塊石頭，簡直中了邪！」

卡萊爾說：「即使最脆弱的生命，一旦集中精力為了一個目標去奮鬥，也能取得成功；即使再強大的生命，如果將精力四處分散，也只能一事無成。滴水穿石就是其中一例，而那些湍急的河流從來都不會留下任何寶貴的痕跡。」

我們都知道，在捕獵的過程中，狼的本能就是咬定一個目標。狼不會在面對獵物時讓自己的精神分散，在每次進攻前，只會專注於一個目標。因為它知道，集中精力於一個目標比集中精力於幾個目標更容易獲得成功。

明智的人會把全部的精力集中在一件事上，因為他知道唯有如此才能實現目標。專心做好一件事，就能有所收益，就能突破人生困境。

適時的撤退或放下，有時反而是走向成功的捷徑

做什麼事都需要努力，但如果自己付出了足夠的汗水仍取勝無望的話，就可能是方向錯了，或者目標不適合了，這時需要及時調整戰略，或撤退，或放棄。明智地選擇放棄，有時也是走向成功的捷徑。

我們都是接受「堅持教育」長大的人。為什麼這麼說呢？想想從小時候，我們就被告知「再堅持一下，勝利就在前方」、「堅持住，你就會成功」、「一定要有打破沙鍋問到底的精神」諸如此類的教導，讓我們學會堅持、堅持、再堅持。可是，我們堅持了，卻同時把放下或者「放棄」給忘記了。哪怕前面是絕境，我們也會催眠自己要堅持。

其實，真正聰明的人不會作無謂的浪費和犧牲。因為他們知道，雖然做什麼事都需要努力，但如果自己付出了足夠的汗水仍取勝無望的話，就可能是方向錯了，或者目標不適合了，這時需要及時調整戰略，或撤退，或放棄。明智選擇撤退，有時才是走向成功的捷徑。

據說，乾隆皇帝曾經在殿試的時候給舉子們出了一個上聯「煙鎖池塘柳」，要求對下聯。一個舉子想了一下就直接回答說對不上來。另外的舉子們還都在苦思時，乾隆就直接點了那個回答對不上的舉子為狀元。

後來，有人問為什麼。乾隆回答：「因為這個上聯的五個字以『金木水火土』為偏旁，幾乎可以說是絕對。第一個說放棄的考生肯定思維敏捷，很快就看出了其中的難度，而敢於說放棄，又說明他有自知之明，不願意把時間浪費在幾乎不可能的事情上。」

自然界的萬事萬物都教會我們許多寶貴的道理。萬獸之王的雄獅，當牠花費很多的精力和時間去追一隻狡猾而且奔跑迅速的獵物時，如果很長一段時間都沒有逮住牠，雄獅就會放棄這個目標獵物，把目光轉向其他逃竄的獵物，為下一次進攻做好充分的準備。其實，雄獅也懂得適時放棄的道理。可見，有時明智地選擇放棄，也是走向成功的捷徑。

童話大王鄭淵潔為孩子們講課的時候曾經說過：「每個人都有自己的最佳才能，除非他是白癡。要拿自己的長處和別人的短處競爭。打得過就打，打不過就跑。」在該放棄的時候勇敢果斷地撤退，那也是一種睿智，一種灑脫。

馬豔麗曾經是個優秀的皮划艇運動員，而且被視為全國七運會奪金熱門選手。然而在備戰七運會時，馬豔麗在訓練營準備最後一次比賽時遭遇了一場事故，腰部嚴重受傷，奪冠的夢想徹底破碎了。

馬豔麗悲傷不捨地離開皮划艇運動，放棄奪冠的夢想，開始重新擇業。後來，她參加世界模特大賽，憑著優越的外表和氣質，一路過關斬將，直接殺入總決賽，最終獲得冠軍。

後來，馬豔麗成為時裝名模，但她一直有成為服裝設計師的夢想。為了建立自己的服裝品牌，她決定離開伸展台。為此，她去紡織大學讀書精進自己的設計功力，後來成立了自己的設計公司。正因為懂得適時放棄，不盲目執著，馬豔麗最終成功了。

強攻強取，固然是英雄本色，但審時度勢，該進則進，該退則退，也不失為明智之舉。有止才有流；有捨才有取；有增才有減；適時地退才可以更恰當地進。

在固有的觀念裡，堅持是王道，而放棄卻被視為軟弱的表現。聰明的人會知道有目的地放棄通常是取得勝利的不可或缺的手段。適時的退可以減少損失，保存實力，以利再戰；也可以另覓新路，爭取更大勝利。所以，人必須懂得及時抽身。而且，尤其對一個企業而言，與其在毫無進度的專案上耗費時間和資源，不如放棄它，開闢新的業務，拓展新的領域，保持公司持續發展的能力。

巴爾扎克曾經說過：「在人生的大風浪中，我們常常要學船長的樣子，在狂風暴雨之下把笨重的貨物扔掉，以減輕船的重量。」所以說，放棄是一種戰略智慧。學會了適時放棄，在該放棄的時候勇敢地放棄，你也就學會了如何積極地去爭取成功。

選擇冷門也是創意

選擇冷門也是一種創意。既然已經選擇了它，那就愛上自己的選擇，兢兢業業地去學習，去為之奮鬥。你會發現當別人還在為生存發愁的時候，你已經走向成功之途了。

冷門或是熱門，在填報考志願、選擇就業、開始創業的時候，我們都不可避免地要遇到這個問題。大多數人會隨大流，選擇了熱門行業，於是就變成很多人擠上一條「獨木橋」。也有人明白，冷門和熱門從來都是此一時彼一時，只要自己做大了，做好了，冷門也能變成熱門。因此，選擇冷門也是一種創意，選擇冷門，你也可以發現成功的機會。

文星是個剛畢業的大學生，面對找工作的艱難，他很是沮喪。就在這時，住在同一社區的王先生前來為自己的母的博美犬求偶，希望能與文星家的那隻公博美犬配種，生個小犬。為此，王先生寧願倒貼二千元作為「彩禮」。這件事讓文星看到了商機，靈機一動：「何不開一家寵物配種店，當個動物『紅娘』呢？」

於是文星貸款數萬元，買回純種的蘇格蘭牧羊犬、金毛犬、博美犬等種犬，每配一次種，價格從二千元到六千元不等，很快招來許多生意。挖到第一桶金之後，文星做大寵物店，寄養、美容、銷售寵物食品等，一年賺了上百萬元。

二〇一〇年的就業形勢調查顯示：昔日的熱門專業如今紛紛被排在失業率最高行業的前十位。可見，當時報考的熱門專業並不意味著一定會成為就業的熱門行業。

有人說就業不行，那我創業。創業時，我們會發現社會的熱門行業高精尖，我們的資源達不到那樣的高水準。若在這樣的行業裡，自己也只能做個小公司，無法有大的成就。這時候，產業選擇的範圍可以更廣一些，要想創出一番大事業，那麼就應該避熱趨冷，獨闢蹊徑。所以，選擇冷門也是一種可以走向成功的捷徑。

喬封上學時讀的是森林系。大多數人覺得他只能到林業局之類的地方工作，對他的未來不大樂觀。但喬封的選擇出人意料，他從北京畢業之後回到老家，承包了一個苗圃，大規模種植日本紅楓、美國紅楓、黑橡膠樹等進口彩色樹的引種。

彩色樹在園林綠化中成為亮麗的風景線。隨著上海等各大城市廣植綠化，打造色彩斑爛的城市綠化，甚至私家庭院對彩色樹也孜孜以求。彩色樹給喬封帶來了巨大的收益。

俗話說：「當你的專業變成所有人都懂的事情，這個專業就不專了。」近幾年，各大高校相繼開始擴大各國語言的招生，為什麼？前些年，英語教育備受重視，那時學好英語就是萬能通行證。但是，隨著與國際接軌，越來越多的國際會議和活動，如奧運會、世博會、大學生運動會、國際電影節等對「各國語言」的需求一直在增加中。那些當年選擇冷門的語種如西班牙語和阿拉伯語的人，現在在各行各業都有所發展，並且機會越來越多，平臺越來越大。

董洪濤先生，號契齋，現為中國書法家協會會員、大慶市書法家協會副祕書長，主編出版《當代甲骨文書法篆刻精品集》。

在一個偶然的機會，董先生被甲骨文奇肆險絕的特殊魅力所打動，頓生喜愛之情。董先生學書伊始，周圍彙聚了一大批行草書高手。在他剛剛涉獵毛筆書法階段，朋友們已經在大展中紛紛入展獲獎了。

而董先生說：「物以稀為貴，我選擇甲骨文書法一個原因是因為自己喜歡，另一個原因就是衝著『冷門』去學習的。我認為甲骨文書法創作相對於其他書體容易得多。」等到董先生真正進入這一門學問時才發現，這並不是一件輕鬆的事。經過許多年的研究、學習和練習，董先生的甲骨文書法獲得了大眾的認同。

生活節奏的加快給甲骨文書法創作帶來了新的機遇和挑戰。甲骨文書法已經越來越被專家學者認同和關注，有越來越多的書法愛好者喜愛甲骨文書法了。

在這個以奇思妙想制勝的時代裡，大多數人走過的路已經沒有什麼創意了。你有什麼獨一無二的構想嗎？冷門中挖金值得你思考，選擇冷門也是一種創意，選擇冷門也可以走向成功。

選擇恰當的目標才會通往成功

目標過低，沒有意義；目標過高，難以實現。不論你想做成什麼事，在目標的選擇上最好具體明確、高低恰當。

在現在的社會裡，有許多人經常被困境、挫折所困擾，這是為什麼呢？原因在於他們當初沒有選擇好恰當的目標，沒有選擇自己擅長的工作，只是隨波逐流選了時下的熱門職業或高新行業。現在在自己的職業生涯裡，看著自己耕種許久仍然荒蕪的土地，便對自己失去了信心；看著攀爬了許久仍然在山腳的自己，失去了繼續堅持的勇氣。所以，如果你認為這個目標並不適合你，就應當重新評估自己，選擇一個更擅長、更適合自己的目標。

有一個人一心要在重要刊物上發表文章，盼著靠這些文章一夜成名。可惜，一篇篇凝聚著心血的「得意之作」投稿出去之後，全成了斷線的風箏，杳無音訊。他陷入一種近乎絕望的境地，發誓要切斷這段文字緣。

某一天，他見一隻蝴蝶飛進自己的房間，一圈又一圈地飛舞，卻都沒能找到窗口飛出去。蝴蝶為什麼迷路？因為牠總在房間頂部的空間找出路，不肯飛低一點。其實，再向下一點，就是敞開的窗戶了。

蝴蝶的迷途也啟發了他：要選擇恰當的目標，腳踏實地，這樣才能走向成功。

其實，只有選擇恰當合適的目標，才能讓我們達到成功。就像畫畫一樣，中國乳虎畫家路仁茂先生別的不畫，專畫小老虎。他在談自己的成功不無感慨地說：「目標的選擇對了頭，就取得了成功的一半。」與他有同感的是幾十年如一日專畫梅花的畫家王成喜先生。試想，若不擅長畫梅的路仁茂先生把自己的目標定位為畫一幅絕世梅花圖上，那他又怎麼能成功呢？

如果你已經耗費自己的精力長期做一件事，卻仍舊看不到成功的希望，那麼你該認真考慮一下：自己是否選錯了目標？如果真是自己選擇錯了，那麼就及時放棄，立刻去尋找適合自己的恰當目標。

一個人所確定的人生目標如果脫離了現實，超過了自身所能達到的高度，那麼他即便再努力，費盡心機或付出高昂的代價，也不會成功。所以，有夢想本是好事，但有時得想想自己設定的目標是否恰當。如果只是滿腔熱情，不顧及現實基礎，那失望就會很快而至。如果過分執著於明星夢，帶給你的不是明星那樣的風光，很有可能是失望後的頹廢和沮喪、夢毀心碎。

現在，仍然有成千上萬懷著明星夢想的年輕人，希望有一天能像王寶強一樣踏入娛樂圈。王寶強對此說道：「如果他們喜歡，當然可以努力爭取機會。但我不希望他們一輩子都浪費在這件事上。與其這樣，不如找更適合自己的事。在我看來，我的成功沒有示範作用，只是機緣巧合，也不是他人學習的榜樣。所以，要認清自己，知道什麼是適合自己的。選擇恰當的目標，才能有所成就。」

那什麼樣的目標才是恰當的目標呢？最恰當的目標是社會需要、自身興趣和優勢、具體明確且恰當這三者的結合點。

人棄我取也能創造奇蹟

俗話說：「富貴險中求」，人家想不到的，我想到了；人家不敢做的，我敢做。敢為天下先，才能打破舊規則，做出新創意。人棄我取也能創造出奇蹟。

《史記・貨殖列傳》中有段話說：「白圭樂觀時變，故人棄我取，人取我予。」說的是戰國的商人白圭創造的一種適應時節變化的經商致富辦法：別人不要的我要，別人要的我就給。此後，「人棄我取，人取我予」成為日升昌票號的發家名言，代表了晉商的經營之道。

李嘉誠成為首富的訣竅之一就是人退我進、人棄我取。低谷過後是高峰。在低潮期以低價入市，到高峰期再以高價脫手，這是李嘉誠積累財富屢戰屢勝的招數。

二十世紀八〇年代中期，中英兩國因為香港前途展開談判之際，香港資本市場受英資撤出波動很大，影響頗深，整個市場為悲觀情緒所籠罩。當時，英資「置地」集團急於出售「港燈」。李嘉誠在一九八五年一月果斷出手，收購「港燈」百分之三十四的股權。六個月後，趁「港燈」股價回升，他出售百分之十股份，成功套現，淨賺二十一・八億港幣！

九〇年代，李嘉誠購入英國行動電話公司並易名為Orange「橙」。當時許多業內人士都不看好該項目。但是六年之後，李嘉誠把「橙」轉手賣給一家歐洲電信公司，淨賺一千一百八十億港幣，締造了人們至今仍津津樂道的「賣橙神話」。

李嘉誠連番創出傲人佳績，以至於香港市場人士往往把李嘉誠入市視為大市反彈的信號。

人無我有、人有我新是正確路子，但人棄我取也是經商、用人，甚至是科學發展的好選擇。據說，俄羅斯雖然在無人機方面落後於美英，但在地效飛行器方面的成就恰恰相反。為什麼？因為俄羅斯在別人放棄的時候加大了研發及製造的力度，在這一領域遠遠甩掉了美英等國，形成獨步天下的局面。

人棄我取，人取我予，勝在思維的轉換。擁有「逆向思維」在現在的社會正是不錯的攻守之道。人棄我取也能打造不一樣的成就。經商如此，用人也有奇效。

清末衡陽人李楚材，人稱「李九長毛」，曾經加入過太平軍，後來投降曾國藩，作戰迅猛，頗得好評。據聞李楚材有絕技，跑得快，水性好，還會氣功。

一次，李楚才被派去援助湖州，至時城已失守，回來向曾國藩報告，說行軍甚速，自己在「昏異之中，偷過賊營十餘座，已探至城根矣」，無奈敵軍搶先得手。曾國藩卻不相信他那近乎特異功能的絕技，斥為胡說八道，將其革職。

除了打仗，李楚材沒有其他生存技能，如今沒了飯碗，勢必要重新找個人投靠。當時。左宗棠領軍後，立下一條不成文法：不管是誰，不管什麼原因，只要是曾國藩棄用的，左大帥都給予提供職位。李楚材聞此，便前去投靠。

與左宗棠見面後，李楚材特地將三種絕技表演了一遍。宗棠大喜，即命統率四營，李楚材如魚得水，此後李楚材在左宗棠麾下立了很多戰功。

人就是要有膽有識地去超越自我，才能不斷提升自我。創新就是超越。在人棄我取的觀念之下，發現新的突破點，敢於實踐自己的創意，必能讓「冷門股」變成自己的利器，變成自己的決勝技能。

CHAPTER 08

放手成全幸福

塵世裡的每個人都渴望得到一份完美的愛情，可以和自己的愛人相濡以沫、矢志不渝。但是，很多男女卻如歌中所唱的那樣「以愛之名，互相折磨」。為什麼？因為不得放手。當愛不在了，別跪著乞求，要勇敢地站起來，堅定向對方揮手說再見。放手也是一種幸福。

當愛變成折磨，不如瀟灑地走開

放棄雖然痛苦，但是我們總要學著去放手。因為只有放下執著，才能放過自己，尋找新的幸福。當愛已成折磨，不如瀟灑地走開，給自己和對方都留有一個重拾幸福的機會。

有這樣一句話：「若愛，請深愛；若不愛，請走開。」所以，如果你不愛一個人的時候，就請放手，好讓別人有機會愛他（她）；如果你愛的人放棄了你，就自覺開，去找尋自己所愛的人。對待愛情，我們應該學會正確看待感情，懂得放手，懂得成全。

有些人，你再怎麼喜歡，對方也不可能給你愛情。獨自等待或者勉強對方又有什麼意義。若你緊緊抓住不放，一再奢望，那麼只會更加失望，受傷更深。當愛已經到此地步，何不放手，試著讓自己忘記？在愛情裡，懂得放手，瀟灑走開是一件多麼需要勇氣和胸懷的事情。

有個書生和未婚妻約好在月末結婚。但是在那一天，未婚妻卻嫁給了別人。書生備受打擊，一病不起。

家人用盡各種辦法都無能為力，眼看他奄奄一息。這時，路過一位雲遊僧人，得知情況，決定點化一下他。僧人到他床前，從懷裡摸出一面鏡子叫書生看。

書生看到茫茫大海，一名遇害的女子一絲不掛地躺在海灘上。路過一人，看一眼，搖搖頭，走了；又路過一人，將衣服脫下，給女屍蓋上然後離開；再路過一人，走過去，挖了一個坑，小心翼翼把屍體掩埋了。

畫面切換。書生看到自己的未婚妻坐在新房裡，由她的新婚夫掀起蓋頭的瞬間。書生疑惑地看著僧人。

僧人解釋道，「那具海灘上的女屍就是你未婚妻的前世。你是第二個路過的人，曾給過她一件衣服。她今生和你相戀，只為還你一個情。但是，她最終要報答一生一世的人，是最後那個將她埋葬的人。那個人就是他現在的丈夫。」

書生大悟，疾病不藥而癒！

在愛情裡，我們講究緣分。緣分來了，我們就歡歡喜喜地戀愛，可是緣分已斷，我們卻怎麼也不能接受戀人離去和感情漸冷的事實。我們總想把它抓得緊緊的，總想著既然如此相愛就應該可以挽回，我們總是放不下一段逝去的情感，讓它在自己心頭千迴百轉，讓自己一傷再傷。

愛本是一種美好的感受，為什麼我們會如此痛苦？我們只是不願放下。愛一個人不一定要擁有對方。有些人一開始就註定要失去；有些愛註定永遠都不會有結果。相愛時就深愛，但是如果不愛了，那就放手吧！如果愛對方是苦，為什麼不放下這份情感呢？如果擁有是苦，為何不鬆手？如果對方已不愛你，為何執迷不悟？如果明知道這是煎熬，為何不躲開？這樣的執迷堅持，不是自食感情的苦果嗎？

從前，有一家人生活在森林裡。夫妻倆有一個女兒，可是小女孩並不孤獨。因為有鳥兒為她唱歌，有花兒為她伴舞，有大樹給她當聽眾，有小溪為她歡呼。她認為一切都是這麼美好。

可是，有一天，女孩在森林裡救了一隻受傷的老鷹。她細心照顧牠。這一段時間，女孩非常快樂。她和鷹說話，為鷹唱歌，為鷹跳舞，為鷹做一切可以做的事。可是，老鷹身上的傷已經好了，牠要回到天上。在老鷹飛起的那一瞬間，女孩第一次感到了孤獨。

從此，她變得不再像以前那樣快樂了，每天只是不停等待，等待著老鷹回來。她已聽不到鳥兒的歌聲，看不到花兒的舞姿。她的父母為此非常憂愁。

終於有一天，那隻鷹飛累了，落下來休息。女孩看到了。她非常高興，激動地抱著老鷹的雙腿，想要牠留下。可是，老鷹是屬於天空的，牠所要的是自由和飛翔。老鷹還是張開了翅膀，向天空飛去。女孩並不願就此放棄，依然緊緊抓著鷹的雙腿。就這樣女孩被老鷹拉上了空中。可是好累，她的雙手終於拉不住了。女孩從高空中狠狠摔了下來。

落到地上的一剎那間，女孩又聽到鳥兒的歌聲，聽到小溪的歡唱，看到了花兒的優美舞姿。可是，一切都已經太遲了，她再也看不到，再也聽不到了。在她快要閉上眼睛的時候，女孩心想：「如果我早點放棄老鷹的話，今天就不會受這麼重的傷了！」

如果一份感情對雙方都是折磨，最後甚至變成一種仇恨，那不如自己提前離開，對這段感情放手，讓生活回到平靜的狀態。愛是雙向的，不能強求。放手讓愛遠離，並不是一件容易的事。但是，這卻是唯一可以令雙方都解脫的方法。否則，只會陷入鬱結的痛苦和沮喪中，甚至失掉自己信心和尊嚴。其實，生活中並沒有什麼東西真的不能割捨的，試著放手，留下最初的感動，開始新的生活，繼續尋找新的愛，你會快樂起來的！

感情不能強求，何必為了誰尋死覓活

強求的感情，不僅沒有使自己得到期盼的愛情，還可能給自己和對方帶來傷害。

俗話說得好：「萬事莫強求，順其自然就好」。其實，感情也是如此。強摘的瓜不甜，強求的愛情也並不美好。我們都說，愛情是講緣分的。那何不緣來惜緣，緣去隨緣，一切順其自然呢？

很多人都為感情的事情煩惱，煩惱的原因各式各樣，歸根究柢還是離不開「強求」這兩個字。如何強求呢？為了讓對方喜歡自己，就改變自己，以至於失去了真正的自己，每日總在「他喜不喜歡我」這個問題上不斷打轉。更甚者，為了得到自己想要的愛情，想方設法，不擇手段，以至於讓對方都害怕了。所以說，這世間為什麼有那麼多癡男怨女，大多是強求不得就嗔怨不止。

婚姻不幸的小若，經由朋友的介紹，認識了熱心、真誠、正派、耿直的已婚男人章雲。小若怎麼看都覺得章雲是個條件很好的人，於是她開始對章雲展開攻勢，有事沒事地打電話聊天。因為算是朋友，剛開始章雲出於禮貌接聽她的電話。後來小若越來越不分場合、時間地打電話和發曖昧的簡訊，甚至到公司辦公室找他，讓章雲開始反感，甚至厭惡。

章雲覺得小若既然知道自己已經結婚了，就不該如此，這已經不是正常意義上的追求，而是一種騷擾和糾纏。章雲不堪忍受，開始發脾氣。然而小若卻不在意，她覺得對方還是對自己有感情的，便一直笑嘻嘻的。這讓章雲的火氣像打在棉花團上的重拳毫無效果。而小若呢？雖然被章雲罵得很慘，但是她仍舊鍥而不捨。

章雲換了幾次電話號碼都沒有用，不久還是會被小若找到，接著一切又像以前一樣。本來章雲怕自己的妻子李靜誤會，沒敢把這樣的煩心事告訴她。後來，章雲實在沒辦法，跟李靜說了這件事，讓李靜幫他甩掉這個難纏的女人。

李靜是個賢慧又溫和的女人，並沒有過分地責備小若，只是很嚴肅地告訴她：「無論妳自己有多麼不幸福，妳都沒有權利去破壞別人的家庭。女人應該要懂得自重、自愛，無論對一個男人產生怎樣的感情，也無論這個男人是多麼值得妳追求，也得以不破壞他人的幸福和平靜為前提，最起碼也得看對方是不是也認可和接受妳。感情是強求不來的。妳這樣的做法只會讓人反感和厭惡。妳喜歡一個人，肯定不希望他厭惡妳，像躲避瘟神一樣只想離妳越遠越好吧？而妳目前的做法，正是達到這樣一個目的。」

聽到李靜這樣說，回想自己的行為，小若不禁為自己強求這段感情後悔不已。

佛說：「人因為有情愛牽絆，所以輪迴生死；人因為有情感，因此稱為『有情眾生』。但是，如果愛得不當，固然愛如繩索，會束縛我們，使我們身心不得自由；愛如枷鎖，會鎖住我們，使我們片刻不得安寧；愛如盲者，使我們陷身黑暗之中而渾然不知；愛如苦海，使我們在苦海中傾覆滅頂。」所以，感情不能強求。何必為了誰而讓自己帶上枷鎖，捆上繩索，還蒙上眼睛呢？

洛木和小雪在大學就開始相戀了。在愛情萌芽的日子裡，小雪感覺是那麼的幸福，就像浸泡在蜜罐裡似的幸福甜蜜。可是，畢業沒多久，這段甜美的愛情便猛然拐了一個大彎。小雪開始總是找不到洛木，洛木對她也不似以前那樣溫柔。後來，洛木晚上總是晚歸，甚至小雪還發現了他手機裡的曖昧訊息。

這對小雪來說，無疑是一場突來的暴風雨，令她驚慌失措。可是，小雪覺得自己還是那樣愛著他，放不下他，也不願離開他。她決定包容著他的種種過錯，努力挽回。

後來的日子，小雪加倍地傾情投入，試圖以他們曾經的愛去感化他。可是，小雪的努力並沒有改變這場已然變味的感情。不久，洛木向小雪提出了分手。

這讓小雪不敢相信，幾乎崩潰了。她以死相逼，說道：「你要分手，我就死給你看。」洛木看她如此，也害怕出事，就不再提分手了。

可是，不提又怎樣呢？洛木雖然沒和小雪分手，可是對她十分冷淡。捂著這樣一塊冰，讓小雪也漸漸累了。她不知道這樣互相折磨是為了什麼。

有一天，洛木突然準時回來，還帶回來小雪喜歡吃的蛋糕。在這一刻，小雪並沒有任何幸福的感覺。她忽然明白這段以死喚回的感情只會讓她痛苦。這時，小雪才深深體會到強求的愛情並不會讓自己感到開心，順其自然，勇敢放手，才能讓自己和洛木去尋找下一段幸福。

有些事不能強求，愛情更是。在愛情裡，我們體會到那麼多的痛苦，大多是因為太過強求。強求來的愛情，並不能夠讓我們彼此心安。如果每天的日子都是充滿著擔憂，充滿著恐懼，充滿著無奈，怎麼會幸福。放手了，當一切煙消雲散，你才會發現放手之後你可以更輕鬆自在、更幸福。記住，隨緣自在，隨遇而安！

人們常說：「緣是不可求的。」去留聚散真的就在一念之間。對於愛情，是你的就是你的，不是你的，你再怎麼強求也沒有用。畢竟，愛是雙方的。因此，感情更需要緣分的相伴。相遇是緣，錯過也是緣。緣來相惜，緣去隨緣，順其自然吧！

你失去的不過是一個不愛你的人而已

失戀是豐富人生閱歷的精彩篇章，身在其中必定難以自拔，跳出來或遠離它才能品出人生的滋味。

當我們與對方分手，面臨失戀時，我們每日都會覺得迷茫和痛苦，彷彿自己失去了整個世界。其實，我們只是從未想過：「失戀，不是失去我的全部，只不過是失去一個不愛我的人，與此同時，我也將會得到一個可以重新尋找愛情的機會。」

一個哲學家晚飯後往郊外散步，遇見一個人在那兒傷心地哭泣。哲學家問那人為何如此傷心。那人回答：「失戀了。」

哲學家聽聞，連連鼓掌大笑道：「糊塗啊，糊塗！」

失戀者停止哭泣，氣憤地質問：「有學問就可以如此嘲笑、愚弄別人嗎？」

哲學家搖頭道：「我不是取笑你，實在是你自己取笑自己啊！」

見失戀者不解，哲學家接著解釋說：「你如此傷心，可見你心中還是有愛的；既然你心中有愛，那對方就必定無愛，不然你們又何必分手？而愛在你這邊，你並沒有失去愛，只不過失去一個不愛你的人，這又何必傷心呢？我看你還是回家睡覺吧！。該哭的應該是那個人。她不僅失去你，還失去了心中的愛，多可悲啊！」

失戀人破涕為笑，恨自己沒看透這個淺顯的道理。

愛情可遇不可求。連徐志摩都說過：「得之，我幸；不得，我命。」所以，當對方已經不愛你的時候，不要悲傷，畢竟你們曾經相愛過，畢竟你們曾經一起走過生命的一段旅程。所以，心懷感激，對已經不愛你的人說聲再見吧！

因為有過愛，便不要怨恨。當你失戀的時候，也一定要祝福對方，不必覺得不公平。因為離開你，他失去的是一個愛他的人；而你失去的是一個不愛你的人，卻得到了一個重新生活、重新去愛的機會。

蘇格拉底問：「孩子，為什麼悲傷？」

失戀者說：「我失戀了。」

蘇格拉底說：「哦，這很正常。如果失戀了沒有悲傷，戀愛大概也就沒有什麼味道了。可是，年輕人，我怎麼發現你對失戀的投入甚至比你對戀愛的投入還要傾心呢？」

失戀者答道：「到手的葡萄給丟了，這份遺憾，這份失落，您非局中之人，怎知其中的酸楚啊！」

蘇格拉底回說：「丟了就丟了，何不繼續向前走，鮮美的葡萄還有很多。」

失戀者答：「我要等到海枯石爛，直到他回心轉意回來找我。」

蘇格拉底說：「這一天也許永遠不會到來。」

失戀者答：「那我就用自殺來表示我的誠心。」

蘇格拉底說：「如果這樣，你不但失去了你的戀人，同時還失去你自己。你會蒙受雙倍損失。」

失戀者問：「您說我該怎麼辦？我真的很愛他。」

蘇格拉底說：「真的很愛他？那你當然希望你所愛的人幸福快樂呀？」

失戀者：「那是自然。」

蘇格拉底：「如果他認為離開你是一種幸福呢？」

失戀者回答：「不會的！他曾經跟我說，只有跟我在一起的時候，他才會感到幸福！」

蘇格拉底說：「那是曾經，是過去，可是他現在並不這麼認為。」

失戀者答說：「這就是說，他一直在騙我？」

蘇格拉底回答：「不，他一直對你很忠誠。當他愛你的時候，他和你在一起；現在他不愛你，他就離去了。世界上再也沒有比這更大的忠誠。如果他不再愛你，卻要裝著對你仍有感情，甚至跟你結婚、生子，那才是真正的欺騙吧！」

失戀者說：「可是，他現在不愛我了，我卻還苦苦愛著他，這是多麼不公平的事啊！」

蘇格拉底回答：「的確不公平，我是說你對所愛的那個人不公平。本來，愛他是你的權利，但愛不愛你則是他的權利。而你在自己行使權利的時候，卻想剝奪別人行使權利的自由，這是何等不公平呀！」

失戀者問：「依您的說法，這一切倒成了我的錯？」

蘇格拉底說：「是的，從一開始你就犯錯。如果你能給他帶來幸福，他就不會從你的生活中離開。要知道，沒有人會逃避幸福的。」

失戀者說：「可是他連機會都不給我，您說可惡不可惡？」

蘇格拉底說：「當然可惡。好在你現在已經擺脫了這個可惡的人。你應該感到高興，孩子。」

失戀者說：「高興？怎麼可能，不管怎麼說，我是被人拋棄了。」

蘇格拉底說：「時間會撫平你心靈的創傷。」

失戀者回答：「但願會有這一天。可是我第一步應該從哪裡做起呢？」

蘇格拉底說：「去感謝那個拋棄你的人，為他祝福。」

失戀者問：「為什麼？」

蘇格拉底說：「因為他給了你忠誠，給了你尋找幸福的全新機會。」

世事變幻，緣生緣滅之間蘊含了多少喜怒哀樂。但是，我的終歸是我的，不是我的又何須強求？當我們失戀時，我們應該明白：「其實，愛情並無對錯。他愛著我的時候，是用真心愛著我，而不愛的時候也是真的不愛了，沒有任何理由。」失戀，的確會很心痛。但我們應該慶幸，因為失戀只是失去一個不愛自己的人，失去了一個不會帶給我們幸福的人，而且更給了你一個機會，可以重新去尋找真正愛你的人。

別把感情浪費在不適合你的人身上

在愛情的世界裡，愛上錯誤的人無法自拔，這段感情註定被辜負，註定沒結果。

在對的時間、對的地點遇見對的人，這是很多人在憧憬愛情時心中最期待的。就像青春年少時，花前月下處，遇見了那個自己喜歡的人。這樣甜蜜美好的愛情好像只在童話故事裡才出現過，所以才有很多的人嚮往愛情。

可是，現實哪會如童話世界。在尋找真愛的過程中，很多愛情因為身處錯誤的時空或者遇見錯誤的人，所以沒能修成正果。然而，最嚴重的是，當我們在錯誤的時間遇見錯誤的人之後，仍然選擇把自己的青春和感情浪費在這個不適合的人身上，固執地不願離開。

林濤溫柔、心細、脾氣好，會體貼人，這些優點王涵都知道，王涵曾一度以為自己會一直和林濤走下去，守著他們的房子，結婚生子，安然度過一生。

可是，王涵忍受不了每日平淡的生活，她希望在生活中可以有她自己的私人空間。兩人因此常會發生爭吵。

幾個月前，王涵因工作認識了公司的一位客戶凌宇。在一次次的聊天中，王涵漸漸地喜歡上這個大她二十幾歲的男人。凌宇說：「你是第一個我一見就心動的女人。」凌宇的成熟與體貼也讓王涵很感動。她總能從凌宇那裡得到在林濤那裡體會不到的感覺。

凌宇告訴王涵，他的婚姻是如何的不幸福，每天只能用工作痲痹自己，直到遇到王涵才重新有了好好生活的念頭。王涵和凌宇頻繁的接觸和深夜電話長聊終於被林濤發現了。林濤對王涵說：「妳要想想自己想要什麼樣的生活，不要勉強自己，給自己也給我一個答案！」

王涵知道林濤的好，但是她現在心裡想的是凌宇。可是凌宇又不能承諾給她婚姻，兩人也沒有可以預見的美好未來。王涵不知道如何是好。

亨伯特愛上洛麗塔，男生愛上哥們兒的女朋友，女職員愛上已婚上司……諸如此類的愛情，大多都以悲劇告終，只留下千瘡百孔的心。

面對自己把握不了的愛情，不如趁早放棄吧！雖然我們可以做自己不喜歡的工作，讓自己吃飽穿暖，但是我們無法從錯誤的愛情裡獲得一生的幸福。很多人的內心都知道這個道理，但是心知肚明又如何？這只是以愛之名，繼續錯愛。

從來不相信一見鍾情的小欣，現在終於不得不承認自己對連星一見鍾情了。「高中生小欣愛上了自己的物理老師連星，哈哈……」小欣在心中默默地念著。

從此，小欣便一發不可收拾。只要是連老師的課，她都認真聽、勤發問；每天花很多時間複習物理，每天睡前，小欣就在自己的日記本上寫著，今天連老師穿什麼衣服，對自己說過什麼話。小欣覺得自己幸福極了。

可是，幾個月後的一天，小欣到辦公室找連老師問問題，卻看到一個漂亮的女生坐在他的位子上。沒曾想，這個女生竟然是連老師的妻子。小欣一聽，便渾身都僵住了。她一直以為連老師才剛畢業沒幾年，不可能結婚的，而且也沒有聽他說過。小欣還想著等自己畢業了，就向老師告白，可是沒想到會是這樣。

從辦公室裡走出來，回想起老師和妻子甜蜜的場景，又想想自己的暗戀，小欣忍不住流下淚來，告訴自己一定要放棄，這段感情註定沒有結果。

錯誤的感情裡，受傷的那個是最不肯放手的。假如現在你正在感情裡受折磨，請你問問自己的心：「痛嗎？」如果感覺痛了，就應該放下了。曾經一個苦者對高僧說：「我放不下一些事，放不下一些人。」高僧說：「沒有什麼東西是放不下的。」苦者強調：「可我就偏偏放不下。」高僧讓他拿著一個茶杯，然後就往裡面倒熱水，一直倒到水溢出來。苦者被燙到馬上鬆開了手。和尚說：「這個世界上沒有什麼事是放不下的。痛了，你自然就會放下了。」

有些愛明知不應該，那就做到頭腦清醒，不要繼續去暗戀或迷戀了，要理性面對，要勇於放棄。

既然對方本不屬於你，他的一切本就與你無關，就不要把自己的思想停滯在痛苦的回憶裡。如果你還放不下他，依然愛著，那麼你應該祝福他。放下一份不屬於自己的愛情，你應該覺得輕鬆才對。人生道路如此漫長，一次錯誤的愛情會使你更懂得如何善待真愛。所以，走出這段感情，不要喪失追求幸福的決心，也許下一位就是你的真命天子（真命天女）。

無論任何時候，愛自己都是最重要的

如果你愛自己，你就會像愛自己那樣愛其他人。同樣的，別人也會愛你。試問，一個人如果連自己都不知道如何愛，那又拿什麼去愛人和被愛呢？

佛洛德說過：「人對自己生命、幸福、成長、自由的確定，根植於其愛的能力，也就是說根植於關心、尊重、責任和認識。如果一個人有能力產生愛，他就愛他自己。如果他僅愛其他人，那他根本就不能愛。」可見，無論何時，愛自己是最重要的。尤其在愛情裡，愛別人之前先學會愛自己是很關鍵的。

愛情只是我們生活中不可或缺的一部分，並不是全部的生活。所以，愛情裡的男女都要學會對自己好一些。在愛情裡，我們要用心愛，值得付出的就要去付出，認真地對待自己的愛情，對待自己的愛人。但是，你在愛一個人的同時，也可以愛自己；你可以為別人付出，但不要忽略自己；你可以溫柔婉約、樂於助人，但依舊可以堅持自己的立場。愛一個人絕不應以犧牲自己為代價，只有這樣，當愛情離開時，我們才能繼續新的生活，繼續走未來的路。

郎鳴是蕭晨的老師。從蕭晨愛上郎鳴開始，她就和其他女孩一樣搶坐在第一排，想盡一切辦法吸引郎鳴的注意。郎鳴的確也注意到她了。但是兩人也僅是偶爾打幾個招呼。蕭晨百般抗拒內心的感情，可是越抗拒，感情卻越強烈。終於她克服自卑，跑到郎鳴面前說：「老師，我可以到你的組裡參加研究課程嗎？」

接下來的事情簡直讓蕭晨幸福得快要暈過去了。郎鳴帶著蕭晨出入他的實驗室。在蕭晨看來，雖然大家什麼都沒有挑明，但戀愛關係顯然已經名正言順地成立了。在短短的兩個月裡，兩人天天在一起。蕭晨覺得自己特別幸福。終於，在假期結束前，兩人有了第一次親密接觸。蕭晨雖然害怕，但是她願意一輩子跟郎鳴在一起。

不久，蕭晨發現郎鳴開始迴避起她來。上課的時候，他再也不看她。下課鈴一響，他就拎起電腦匆匆離開，然後一個禮拜不回她的電話。蕭晨幾乎要急瘋了。後來，她終於在路上攔截到郎鳴。郎鳴沉默了很久之後，說：「我知道妳喜歡我，我也對妳有感覺。不過，我們不可能的。那一次，真的很抱歉，我太衝動了。」蕭晨開始渾身顫抖，眼淚止不住地掉下來：「我是想畢業後和你在一起。」「真的不行！」郎鳴不耐煩地說道：「我有女朋友，明年她從國外回來，我們就要結婚了。」

蕭晨想自殺。爬上頂樓的時候，她突然恨起自己，為什麼郎鳴還好好的，自己卻難受要去跳樓。從頂樓下來之後，蕭晨透過各種方法聯絡到郎鳴的女朋友，把這些事情告訴了她。不久，她寫的匿名信引起軒然大波。騷擾女生的傳言逼得郎鳴辭了職。

隨後，蕭晨開始和暗戀自己的男生小濤交往。但是和小濤的公開戀愛勉勉強強維持了半年，蕭晨說：「夠了吧，我們可以分手了。」小濤沒有反對。這半年來，蕭晨的反反覆覆已經讓他疲憊了。接下來，大三、大四，蕭晨不斷地換男朋友，不斷地發生關係。每一次，她都會問：「你會和我結婚嗎？」而對方竟然都老實回答：「不會。」

這樣反覆的戀愛、分手，讓蕭晨的情緒開始沒來由地低落。半夜醒來，她常常感覺到揪心的疼痛，再也感覺不出什麼是愛了。

雖然有愛就有痛，但是不論怎麼樣，你都應該首先成為一個完整的、心智健全的、對自己負責的人，然後才有可能最大程度地剝離愛中的痛苦，去找到真正的幸福。愛自己，善待自己，才不會被看輕；愛自己是自信的動力；有愛就能走過風雨；愛自己才能為自己的痛苦療傷；越愛自己，你會越發美麗。真正愛自己，接納自己，才能在愛情裡找到自己的位置和方向。

戀愛中的男男女女常常山盟海誓，許下了不離不棄的誓言，甚至想著因為愛，哪怕為彼此死去也是值得的。可是，我們都忘記了，在愛情裡要先懂得疼愛自己，這樣才能更好地去愛自己的戀人，更好地在愛情中享受愛。

只有懂得愛自己的人、善待自己的人，在愛情裡才不會丟掉自尊，才能一直看清自己，懂得怎樣才是最好的付出。戀愛中的男男女女總是盲目的，總是會以對方的喜好為喜好，會盡力滿足對方的需求，即使超出了自己可以承受的範圍。這樣的人往往失去了自己最初的樣子。愛要有理智，要愛自己，要對自己負責。你愛他，可以全心全意，但是不要因為愛他，就忘記了愛自己，尊重自己。

我們生活在現實裡，愛情並不是我們的全部。我們有自己的學業、工作、責任……所以，在愛情裡付出要有度，要先懂得疼愛自己，懂得尊重自己。

如果你現在正在品嘗愛情的甜蜜，每天照鏡子的時候，請你對自己說：「我愛他，但是我也愛我自己。」要記住，給自己留一條路，也就是放愛一條生路。就算因為在愛裡受了傷害，我們也要審視自己，笑著說：「謝謝你教會我愛與傷害。從此我會好好愛自己。」

就算愛到最深處，別忘了，也要愛你自己。愛自己多一點，便擁有自己的一片天空。在生命的過程中，我們要學會愛自己，學會接納自己，給自己一盞茶的時間來審視自己，為自己著想，這樣才能品味生活中的五味，靜靜地梳理一下自己的思緒，快樂地面對人生中的愛恨情仇。

放棄那些愛情的「沉沒成本」

不願意放棄那些愛情裡的「沉沒成本」，不願意放手，我們就會在這段感情裡「困獸獨鬥」，那又有什麼意義呢？有些感情註定要失敗，因為我們選擇了錯誤的對象。這個時候最好的辦法是趕緊放手，不要再打撈補救和追加投入了。

為情所傷，為愛所困，是男男女女走不出的愛情境遇。我們往往對戀愛過程中的那些情感付出、金錢開支、時間消耗以及甜蜜的情話眷戀不捨，所以，當愛情已成往事時，我們仍然困在舊日「幸福」的泥沼裡，無法解救自己，也無法讓自己快樂。

經濟學常常說到「沉沒成本」，是指商人在投資一個項目時，剛開始肯定要有所投入。倘若是正確的投資都會獲得回報。然而，如果項目選錯了，所有的投入都將失去，就會成為「沉沒成本」。其實，愛情亦然。有的愛情雖然出現了問題，但雙方仍有基礎，屬於可以打撈的成本，可以挽回。有的愛情則純屬錯誤選項。若所有成本都已沉沒，那我們一定要及時放棄。

夏葦是在讀碩士班的第二年和同學趙亮相識相戀的。但臨近畢業，趙亮提出分手。原因是怕自己無法給夏葦帶來幸福。畢業後，夏葦到小城教書，趙亮到另一個城市讀博士班。

本以為這就算真的分手了，但不久趙亮又找上門來，說忘不了夏葦。畢竟還有感情，兩個人重續前緣。讀書的趙亮常會抽空來看夏葦，夏葦考慮到趙亮課業沉重，不想打擾他。有了收入的夏葦常為貧寒的趙亮買些衣服鞋帽，電話自然也是夏葦主動打過去。這樣戀愛了兩年，見了雙方父母，父母也都認同他們的選擇。

為了不與趙亮產生距離，夏葦也考上了博士班。可是讀博士班之後，眼看同齡女孩一個個結婚生子，夏葦難免著急，猶豫再三，遂向趙亮提議，在讀博士班的期間先去登記結婚。誰知趙亮一口拒絕，說現在一無所有，結婚是何等大事，一切要等畢業以後再說。兩人也因此吵了幾次。後來，夏葦覺得趙亮有苦衷，也相信以後兩人會結婚，就沒再逼婚。

有一次，夏葦事先沒通知就去趙亮的學校看他，本想給趙亮一個意外的驚喜，但是趙亮卻一個勁兒地埋怨夏葦，然後急急忙忙地將夏葦帶離校園。儘管不是敏感的女孩，夏葦心裡也「咯噔」了一下。想到趙亮可能有了情況，兩人當即大吵了一架。夏葦決意與對方分手。這已是夏葦等他的第五個年頭了，夏葦的年齡也從二十出頭等到奔三十了。

這次趙亮非常爽快地同意分手，並且表示與夏葦工作在兩地，組成家庭很不現實之外，還說自己早就對夏葦沒有感覺了，夏葦不是他要找的類型。夏葦問他想找什麼樣的女孩，趙亮說想找一個年輕、能對他的事業有幫助、有房有車，並且能受得了他自命不凡性格的人。夏葦哭了：「既然你早對我沒有感覺了，為什麼一再要我等到你畢業？」她想不通，自己癡癡等待的五年換來的竟是這樣的結果。

曾經有一個珠寶商半開玩笑說：「你知道為什麼女人要求男人送訂婚戒指嗎？因為它是一種抵押品，怕男人違背婚約。鑽石越貴重，毀約的成本就越大。」就像所有的商品一樣，愛情也是要支付成本的。戀愛時我們投入的感情、金錢甚至時間，都讓我們在毀約分手的時候猶豫不定。因為我們付出了那麼多，我們期待回報，所以大多數人都不願意放手。

一位三十八歲的女人與老公結婚十五年，冷戰十三年，終於分手。她說：「後來不願意離婚究竟是為了孩子。他第一次提出離婚，我沒有同意，是因為我不願意放棄愛情。我們曾經那麼相愛。我也曾經不斷努力挽回，結果……現在想來真不知道當時堅持不離婚是為什麼。如果那個時候早分手，我的生活絕不會是今天這個樣子。現在再想重新開始，總覺得一切都晚了。」

不甘心走出婚姻失敗困局的我們，在面對這個問題時，要吸取教訓，認清兩人關係的前因後果。實在無法挽回的感情，早點放棄，一切還來得及。在開始下一段戀情時，不管感情多麼纏綿，也要用理性來判斷進退，唯此才能把握好婚姻和幸福。

「沉沒成本」是撈不回來的，就算是撈回來也是吃虧的成本。所以，戀愛過程中的那些情感付出、金錢開支、時間消耗以及綿綿無休止的情話，都會隨著愛成往事而覆水難收，變成沉沒成本。既然愛已經不在了，那麼又何必在意這些註定會失去的呢？放下過去，會有更美好的愛情在前方等你！

愛情沒了，生活還要繼續

沒了愛情，生活仍要繼續，而且生活還是可以很精彩。

痛失愛情，我們無助、徬徨、消極、悲觀，甚至失去了生活的信心。愛情沒了，大多數人難免頹廢。但是，聰明的人會知道，愛情不是生活的全部，為逝去的戀情不捨、哭泣依然難以改變現實，不如勇敢站起來，重新發現生活的意義。愛情沒了，但明天太陽照常升起，我們的生活還要繼續。

三年前，小菱和陳東認識，然後相戀。小菱一直以為陳東會是自己最終的依靠。只是，他們都錯了，愛情最終敵不過時空的分隔，沒有戰勝雙方家長的阻礙。兩年後，他們兩人在各種壓力的壓迫下分手了。

分手後，小菱腦子裡記得的全是陳東的好。陳東沒和小菱吵過一次架，沒說過小菱一句重話，什麼事都遷就小菱，依順著小菱，始終寵著小菱。小菱難以接受這段感情的驟然消失，一度很頹喪失意。

後來，在朋友的幫助下，她回到家鄉，在那裡，開了自己的小旅店，重新開始自己的生活。一年後，小菱和旅館的廚師結了婚，組織了自己的家庭。

回憶當時的情形，小菱說道：「那時候，我覺得一切都沒有意義了，全世界都與我無關。後來，才明白，愛情沒有了，生活還要繼續。而且，愛情沒了，生活不一定就不美好。」

在正確的時間愛上對的人，而他恰好也愛你，這樣的愛情實為難事。於是世間盡是上演著錯位的愛情。愛一個不愛自己的人，就像對著一株帶刺的玫瑰花，摘不下又不願意放棄。或許我們可以理性思考：當愛已成累，何苦再加上愁？離開是最好的選擇。我們要堅強，愛情沒了，我們還有自尊，還有友情、親情，接下來的生活仍可以很精彩。

人生所追求的不光是愛情。快樂工作，快樂生活，認真過好每一天，讓每一天都過得有意義，讓一切隨其自然。愛情沒有到來的時候，有朋友，有音樂，有茶，還有書。沒有愛情的生活雖然不完美，但依然精彩。只要心在，就有情在；只要情在，那愛就會來。

愛情不是一切。當愛情不在了，你還可以努力地工作。在工作中享受人生的樂趣，實現自己的價值。當愛情不在了，你還有友情和親情。在享受這些溫暖的感情的同時，你可以修復自己的傷痛，重新找到生活的勇氣。當愛情不在了，你還有自己。你應該愛你自己，善待你自己，在發現自己的美好的過程中，尋找生活的意義。

愛情雖然失去了，但是，我們已經從中學會了如何愛。所以，放手讓一切都過去，忘記昨日的傷痛，這樣我們才能重新開始新的生活。

CHAPTER 09

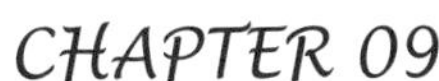

從煩惱的死胡同中走出，擁抱好心情

有些事情已經無可更改，有些故事已成定局。既然木已成舟，就別再期期艾艾，自尋煩惱。壞心情不能幫你解決問題，反而會讓事情變得更糟糕。生活不是用來煩惱的。不妨換一種心情來面對，也許人生從此出現轉機。

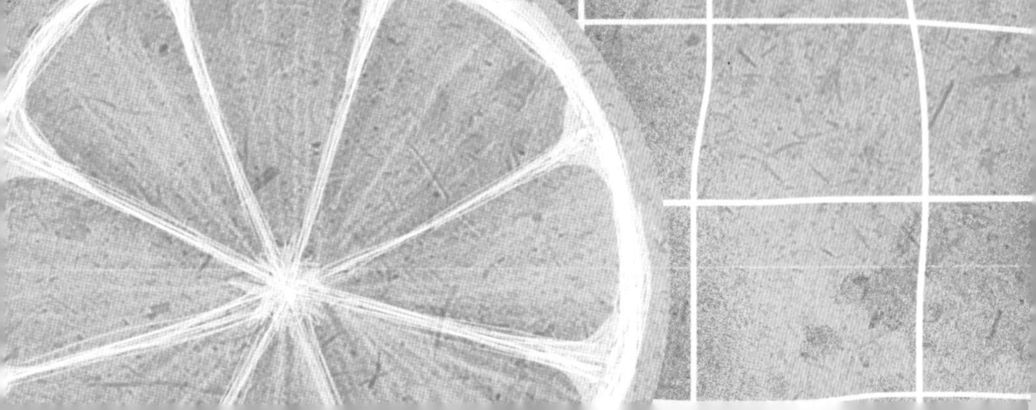

百分之一的壞心情，會導致最後百分之百的失敗

壞心情嚴重影響了我們的生活品質。趕跑壞心情，調整好心態，可以幫助我們積極應對挫折，衝破困境，讓我們的工作生活變得順心如意。

你常常被壞情緒牽著鼻子走嗎？你常常為生活中的不順心耿耿於懷嗎？你常常因為一些壞心情把生活弄得一團糟嗎？據心理學家研究，我們平均每十天就有三天是壞心情，約百分之五的人每五天會有四天心情不好。

生活中，我們經常見到很多人被壞心情所控制。他們抱怨、生氣，進而帶著壞情緒做事情，左顧右盼、心慌意亂、胡思亂想，根本就不把心思放在工作上，結果把事情搞得一團糟，這就是因為百分之一的壞心情，導致了最後百分之百的失敗。掌控情緒，改變心情，才能改變現狀。

洛克菲勒因一個案件在法庭上接受詢問。在法庭詢問中，對手的律師態度明顯懷有惡意，甚至有羞辱之意。此時，洛克菲勒的心情很糟糕。但洛克菲勒很聰明，他控制了自己的壞情緒，告訴自己不能讓這種氣憤的情緒有所流露。

「洛克菲勒先生，我要你把某日我寫給你的那封信拿出來。」對方律師很粗暴地對他說。雖然這封信裡面有很多關於美孚石油公司的內幕，但是對方律師根本就沒有資格來問這件事。因此洛克菲勒先生沒有任何表示，只是靜靜地坐在自己的座位上。

「洛克菲勒先生，這封信是你接收的嗎？」法官開始發問。

「我想是的，法官先生。」

「那麼你回那封信了嗎？」

「我想沒有。」

這時法官又拿出許多別的信件來，當場宣讀。

「洛克菲勒先生，你能確定這些信都是你接收的嗎？」

「我想是的，法官。」

「那你說你有沒有回覆那些信件呢?」

「我想我沒有,法官。」

「你為何不回那些信呢?你認識我,不是嗎?」對方律師開始插嘴。

「是的,當然,我想我從前是認識你的。」

至此,對方律師心情已經壞到了極點,甚至有點暴跳如雷了。而洛克菲勒卻還是坐在那裡絲毫不動,就像眼前的事情根本就沒有發生過。全法庭寂靜無聲,除了對方律師的咆哮聲。

最後對方律師因為情緒激動失控,把真相說漏了嘴,被法官當場聽到。最終結果可想而知。洛克菲勒不僅贏得了官司,還在美國人的心目中留下了一個很優雅的形象。

洛克菲勒很冷靜,在面對於對方律師粗暴的詢問時一直保持著一種平和甚至是不動聲色的態度。也正是這樣不動聲色的態度讓他贏得了這個艱難的官司,並一舉挫敗了對手的陰謀。

任何人都會因為煩惱而情緒低落。碰到這種情況,你就會感到樣樣都不合意,事事都倒楣。平復自己的心情,算是一項美化生活的基本技術。

任何一個人都需要學會它、使用它，拋掉壞心情，找到真快樂。

我們都知道一個人不可能永遠都不生氣和發怒，否則他就是一個木頭人了。一個人也不可能永遠都心情很好，連上帝也會有煩惱和壞心情。可是當我們真正生氣發怒的時候，你想過這樣做的後果沒有？這樣到底對改變糟糕的現狀有什麼幫助？會不會更加損害你的利益？會不會動搖你在別人心目中的地位？如果你能真正意識到生氣發怒對於挫折無濟於事，真正明白發怒只會把事情搞砸而絕對不能把事情完美解決的話，就會明白好好約束自己的情感和控制自己的情緒是多麼重要。

所以，不要因為別人發怒，即便心情不好，情緒不穩定；相反地，這個時候正是你應當心平氣和的時候。一個人心態的好壞，直接影響到一個人的工作和生活，也直接關係到一個人能否成功，能否憑藉自己的努力達到目標。拋棄壞心情，保持奮發向上、朝氣蓬勃的精神狀態，才能以逸待勞，輕而易舉地打敗對方，戰勝挫折。

如果你仍然陷在壞情緒裡，那就要認真分析，找出讓自己情緒低落、焦躁不安的原因。「我的心情為什麼是這樣？」「為了彌補失敗，我能做些什麼？」「為了彌補損失，我能做什麼？」「有什麼事是處於我的控制之下，我能進行哪些改變？」

怎樣才能調整自己的心情，從壞心情的情境中走出來，並且學會有效改善心情，掌握調控心情的策略呢？答案是積極的心理暗示，想想生活平順安然之時，而不是念念不忘不順利的事情；對自怨自艾給出最後期限，並且告訴自己必須振作起來，重新開始；暗示自己要積極面對現狀改變困境，鼓勵自己，給自己信心，讓自己能夠從中吸取教訓，在以後的行動中避免再次失誤。

其實，我們還可以透過轉移自己的注意力，讓自己的心、眼、耳、身等從煩惱中解脫出來。聽聽音樂，悅耳怡神；到大自然中登山看海，身心俱樂；打打球、游泳等等，藉由運動把煩惱丟在一邊，讓好心情自由呼吸。快樂和成功並不難，趕走壞心情就能積極生活，戰勝挫折，衝破困境。

不想在痛苦中度過一生，就不要怨天尤人

「怨天尤人是精神的強烈毒藥。」因為怨天尤人毒死了快樂的細胞，使成功的力量逐漸消耗殆盡，最後形成惡性循環，使得我們遇到事情只會更加憤憤不平。

人生的道路上，總會有些崎嶇險阻。有些人遇到困難，善於調整自己的心態，樂觀地迎難而上。但是，更多的人，遇上一些稍微不順的事，就習慣性抱怨老天不公平，怨恨命運不佳，責難社會制度，為自己的失敗找藉口。企圖用所謂不公平的待遇，為自己的失敗辯護，麻痹自己，什麼時候才能積極生活，什麼時候才能實現自己的理想呢？

人生活在物質世界中，貧富差距擴大導致越來越多的人總是怨天尤人。看別人穿名牌、住別墅、開名車，而自己什麼也得不到，甚至還在為衣食擔憂，人難免就會心理失衡，心存嫉妒、埋怨。如果不及時排解這些消極情緒，那麼我們的生活可能只能見到陰霾而看不見幸福的陽光了。

鄭敏的同學張路，三十五歲，原先在企業裡當司機。可是公司效益不佳，張路每個月只拿一萬多元的工資。看著周圍朋友的高收入，張路怨天尤人，嫌自己的運氣不好。可是張路並沒有想辦法改變，只是一天到晚混日子。後來經濟危機，公司實在發不下來工資，開始裁員。結果張路失業了。

後來，張路換過幾份工作。可是由於張路年齡大了，而且自身能力有限，公司對張路不滿意。張路對公司也頻生怨言，加上妻子的工作也不穩定，張路還要奉養母親、撫養孩子，張路覺得自己的生活壓力很大，開始怨社會、怨家庭、怨命運。有時候，朋友給張路找路子，讓張路多掙點錢，養家糊口，可是張路往往不是嫌有風險，就是覺得太累。

鄭敏認識張路十五年了，張路的生活沒有一點起色，反而壓力越來越大，每次見到張路都是一副怨天尤人的樣子。

怨天尤人正是人遇到挫折時所持有的一種心態。我們因為自己的欲望和需要得不到滿足，對自己所處的環境不滿意，就開始抱怨命運，怨恨社會。其實，面對現實，怨天尤人的人錯在不懂得改變自己的心態。

約翰・富勒說過一句話：「我們很窮，但不能怨天尤人。」面對困難和苦痛，我們要做的應該是奮發圖強，不斷找尋自己的不足，提高自己的能力，縮短與別人的差距，創造全新的自我。於是，約翰・富勒通過自己的奮鬥和拚搏，成為了富豪，實踐了他的宣言：「我雖然不能成為富人的後代，但我可以成為富人的祖先！」

烏干達有位著名盲人拳擊手，名叫拉瑪森。拉瑪森原是拳擊運動員，後因一連串不幸突然降臨在他身上——眼睛失明了，照料他的祖母去世，妻子出走，兄弟姐妹對他不理不睬。

他的生活，只能依靠當地捐贈的一點善款來維持，靠孤兒院的孩子們幫他煮粥充饑。遭到親人遺棄、朋友冷落，拉瑪森沒有惱怒憎恨。他寬容地表示：「他們都有自己的難處，我要走自己的路。」接著他又幽默地說，「我最不擅長的就是怨天尤人。」

在經歷數年苦練後，拉瑪森終於重返拳擊場。他靠耳朵、鼻子分辨對手的聲音和氣味，據此判斷對方的方位。儘管困難重重，但他依然鮮有對手。

如今的拉瑪森已成了烏干達民眾的偶像。盲人體協主席佛朗西斯・基努比高度讚揚他說：「他向人們證明，失明並非世界末日。拉瑪森能創造拳壇奇蹟，固然有多種原因，譬如他不屈不撓的性格、頑強堅持的毅力、過人的天賦等都很重要；但是他的寬容的精神、樂觀的態度、幽默的情懷同樣不可或缺，正如他歸納自己的成功是因為『最不擅長怨天尤人』」。

其實，怨天尤人只會把自己的命運交給別人，把自己的感受和行動交給別人支配。生活一不如意，他會抱怨，因為覺得命運虧欠他太多；若是生活中出現挫折，他又覺得自己是無辜的受害者。只有遇事不再憤憤不平，不再抱怨連連的人才能成為一個真正自立自強的人，才能成為自己靈魂的船長、命運的主人。

寵辱不驚，治亂不動，才是做人的真諦。怨天尤人於事無補，只能使自己沉浸在痛苦和怨恨的情緒中，任憑壞情緒一點一點地蠶食自己的意志和希望。所以，不如拋開這些糟糕的情緒，及時調整心態，讓自己振作起來，與命運抗爭，自強不息，發憤圖強，努力改變現狀。

痛苦，是因為你躲在陰影裡不肯轉身

站在過去的陰影裡，走不出來，不敞開心扉，陽光又怎麼照進你的心裡？太過執著是苦，不如放手，讓自己可以自在生活。

人來到世間，誰也躲不過煩惱和苦痛，但是我們要追求的是幸福和快樂；若是心中堆積了太多的苦痛，那麼又怎麼有空間收藏生活的幸福呢？

這世上，沒有放不下的事情，只有放不下的心情，只有抓住不放讓自己一痛再痛的自己。比如被欺騙了，報復之心放不下；被諷刺了，怨恨之心放不下；被批評了，面子掛不住。大部分人都只在乎事情本身並沉迷於事情帶來的不愉快，其實，只要把心情轉換一下，世界就完全不同了。

大考之後，玉珊就再也不想回學校了。班裡每個人都知道玉珊有一個不完整的家庭，每個人都知道玉珊是一個沒有人要的孩子……玉珊覺得自己一直背負著別人同情、鄙視甚至厭惡的目光。

上了大學，玉珊把自己封閉在過去的陰影裡，她覺得自己只是一粒小小的塵埃。自卑像沉重的行囊，常常讓玉珊憂傷和疲憊。

放假時，從小一起長大的王諾來看玉珊。在天橋下有許多賣金魚的小販。王諾忽然停了下來，向小販買下一條黑色的金魚。當兩人坐到河邊，王諾把剛買的啤酒全部倒進河裡，然後把金魚放進瓶子裡。

「這樣魚會死的！」玉珊大叫著說，「你這人怎麼這麼無聊，買一條魚就是想看著牠死嗎？」

王諾沒有理會玉珊，還用紙巾堵住瓶口。玉珊想搶過瓶子，但是他閃開了。想著金魚會一點一點地死去，玉珊突然哭了起來。王諾把瓶子放到玉珊的眼前。玉珊看見金魚在瓶子裡悠游著。玉珊看著他，不明白他在做什麼。他慢慢地蹲下身子，把瓶口朝下，金魚落進河裡，歡快地游走了……

「小珊，面對著太陽，就永遠不會在陰影裡。」王諾看著她的眼睛堅定地說。

金魚已經不見了，玉珊忽然覺得這麼多年自己就像生活在瓶子裡的黑色金魚，在自己界定的空間裡掙扎著，警惕地看著外面的世界，緊緊關閉了心門；一個人躲起來舔噬傷口，到最後依舊傷痕累累。每個人都有自己的生活，父母已經彼此傷害，又何必勉強他們在一起，又何必讓自己在過去的陰影裡一直痛苦。

多苦少樂是人生的必然，痛苦總是不期而至，但是不要讓痛苦在你的人生中停留太久。假如生活欺騙了你，給了你諸多不公平的待遇，那麼請你接受比爾・蓋茲的忠告：「去適應它！無論什麼時候，都要記住，地獄的背面就是天堂！」所以，忘記那些不愉快的事情，忘掉那些傷害，放下過去，活出精彩的今天才是關鍵。

有很多人說自己放不下，放不下過去，放不下感情。即使再痛，自己也無法放下。其實沒有什麼事情放不下，放不下的只是我們自己的心。痛苦正是因為我們的心陷在過去的陰影裡，不斷掙扎。

人的一生要經歷多少挫折與辛酸。如果把所有的一切都沉積在心底，可想而知，人要經受多少痛苦的煎熬，有多少的傷心與愛恨。忘卻過去，讓我們帶著一顆充滿陽光的心向前走，哪怕前方有荊棘，也樂在其中！

有一位高僧，他酷愛陶壺，只要聽說哪裡有好壺，不管路途多遠，他一定會親自前往鑒賞，如果喜歡的，花再多錢他也捨得買回來收集。在他所收集的茶壺中，他最喜歡一只龍頭壺。

一日，一位久未見面的好友前來拜訪，他拿出這只龍頭壺泡茶招待他。朋友對這只茶壺讚不絕口，觀賞把玩時一不小心將它掉落到地上。茶壺應聲破裂。

高僧蹲下身子，默默收拾這些碎片，然後拿出另一只茶壺繼續泡茶、說笑，好像什麼事也沒發生過一樣。

事後，有人問他：「這是你最鍾愛的一只壺，被打破了。難道你不難過、不覺得惋惜嗎？」

高僧說：「事實已經造成，對碎壺留戀又有何益？不如重新去尋找，也許能找到更好的呢！人生一世，花開一季，誰都想讓此生了無遺憾。所以很多時候，我們對已經發生的事情耿耿於懷，其實就是抱著痛苦不放。」

「總是想著黑暗的時候，那麼他看到的就只有黑暗！」所以，大多數人在面對痛苦時，會不斷地去想著這個痛苦，把這個痛苦放在他的心底深處，無法將它放下。因為不斷想著痛苦，自己的一生也就延誤了。想著痛苦其結果就只是讓自己更加痛苦與傷心。事實上，比起不斷在回憶痛苦，沉溺於痛苦，更有意義的事是我們應該換一個方式去想，要以積極的心態去思考。

古希臘詩人荷馬曾說過：「過去的事已經過去，過去的事無法挽回。」拿得起，放得下，才是讓自己活得輕鬆的人生態度。放下痛苦，就能懷著一顆平淡從容的心去享受生活。沒有真正放不下的事情。放下了，你就能看見晴朗的天空。

有些傷害，抱怨三天就夠了

抱怨自己所受到的傷害，就像背負一個沉重的包袱。這些徒勞的抱怨只會讓自己更加疲憊。

人的一生難免遇到不順心的事，受到不公平的待遇。這個時候，很多人都開始抱怨，抱怨生活、抱怨工作、抱怨婚姻，甚至抱怨自己的父母。但是，一抱怨只會讓事情更糟，只會讓自己更不幸。因為生活就是一面鏡子，你從來沒有積極地看待生活，生活自然不可能如你所期望的那樣改變，生活又怎麼可能對你笑呢？

人之所以會不斷抱怨，是想透過抱怨來使別人注意到自己的痛苦，想要得到他人的同情。但是，受到傷害就不斷抱怨，顯然於事無補。

一名年輕的修道士加入一個要求嚴謹、守靜默戒律的教團。所有的人都要在修道院院長的同意之下才能發言。將近五年之後，院長終於去找這位見習修士，對他說：「你可以講兩個字。」修士字斟句酌地說：「床硬。」院長慎重考量之後，答道：「很遺憾，你的床不舒服，我們會看看能否幫你換張床。」

入院第十年，院長又來找這位年輕修士，說：「你可以再講兩個字。」修士說：「腳冷。」院長說：「我們來看看可以怎麼處理。」

在修士入院十五年時，院長又說了：「你現在能再講兩個字。」修士說：「我走。」院長回答：「這樣說不定是最好的方法。自從你來之後，除了發牢騷，什麼事也沒做。」

生活不會總是一帆風順的。如果不幸降落在你的身上，你選擇不斷抱怨，那麼只會使你從此躊躇不前，不思進取，心情也會因此變得糟糕透頂，不幸將會變本加厲。面對不幸，我們所要做的不是怨天尤人，而是坦然面對苦痛和傷害，學會戰勝挫折，用自己的積極心態迎接生活。

所以，一個優秀且渴望成功的人，不應該將抱怨當成習慣，否則你在別人眼裡就會黯然失色。所以，有些抱怨最多只說三天，傾訴過自己的痛苦，你接下來就要積極去面對生活中的挫折了。畢竟，一個積極的想法、一個果斷的行動，會比毫無意義的抱怨要有用得多。

三十九歲的霍爾被診斷罹患第四期肺癌。醫生估計他只剩半年不到的壽命。除了這個性命攸關的診斷結果，他還面臨著其他的苦難。他自己連一份保險也沒有，他的帳單堆積如山。一直以來他都得努力打拚，才不至於讓家裡斷糧斷電，得以安居溫飽。

當他的朋友得知他來日無多，於是前去探望他，卻為他樂觀的態度大感詫異。他沒有抱怨，只是說著他這一生有多麼美好、自己有多麼幸運。從頭到尾，霍爾都保持著豐富的幽默感。

有一天，朋友邀他去散步，但因為他非常虛弱，兩個人一直走不出前院。他們站在他的家門外，享受著新鮮的空氣，一邊說著話，霍爾注意到幾隻大型紅頭美洲鷲就在他們站立處的正上方，緩慢、懶散的繞圈而飛。他指著那些紅頭美洲鷲說：「喔，不好的預兆！」當朋友看到他眼中淘氣的光芒時，他們倆都不禁笑起來。

等笑聲漸漸止息時，朋友問他：「你經歷了這一切，怎麼還能夠不抱怨？」他握著拐杖說：「很簡單，今天不是十五號。」他自認為回答了問題，便開始慢慢地走進屋裡。「這跟十五號有什麼關係？」朋友問。

霍爾說：「診斷確定的時候，我知道這會很難熬。我可以咒罵上帝、科學和所有人，也可以把焦點放在我生命中美好的事物上。所以，我決定每個月給自己一個『不爽日』來抱怨。我隨意的挑了一個十五號，每當我想抱怨什麼事情，就告訴自己要等到十五號才能抱怨。」「有效嗎？」朋友問。「很有效。」他說。「這樣你每個月十五號不就心情很差嗎？」「不會啊！等到十五號來的時候，我早忘了本來要抱怨什麼了。」

霍爾沒有在六個月內死去，而是多活了兩年快活的日子，他每天都為身邊的每個人祈福。

了解自己的人不會抱怨他人，掌握自己命運的人不會抱怨上天。即使面對這般艱難的處境，我們還是可以從中找到快樂，活出屬於自我的人生。做個懂得感恩的人，而非抱怨的人，把焦點放在一切美好的事物上，就能不抱怨，就能遠離消極的心態。

就像羅馬詩人奧維德所說的：「如果計算一下全年陰天和晴天的數目，你會發現陽光真是普照。」所以，別把生活看得那麼糟糕。站在陽光下，假使低下頭，那麼我們只會看見一塊塊的陰影；但只要願意抬起頭來，我們就能看見燦爛的陽光。其實，命運並沒有刻意地虧待我們，差別只在於我們的心境罷了，所以，不抱怨，就能接近快樂，走向幸福。

英國哲學家兼作家邱斯頓說過：「天使之所以能夠飛翔，是因為他們有著輕盈的人生態度。」所以，該放下的就要學會放下。有些傷害，最多記住三天。放下抱怨，放下包袱，輕鬆面對生活的一切，積極追求美好的生活，想必老天也會賜給妳一個悠然自在的人生。

遠離口頭禪「氣死我了」

當我們將這樣的抱怨當成了習慣，那每天真的都要「氣死了」。因為壞情緒會傳染。當你說「氣死我」的時候，本是無心的話，但它就會暗示你產生氣惱、憤怒等消極情緒，讓你和周圍的人都陷入這種陰霾天氣。

「氣死我了」、「累死我了」、「煩死我了」、「急死我了」，這些口頭禪在我們的日常談話中一而再、再而三地冒出來，尤其是「氣死我了」。遇見小偷，說「氣死我了」；做報告趕時間，說「氣死我了」；衣服被潑上咖啡，說「氣死我了」。總之，很多人在需要發洩情緒時常常都用「氣死我了」這句話。

諸如此類的抱怨，我們每天都說，每天都能聽到。口頭禪像黏住我們的牛皮糖，怎麼也扯不下來。可是，當我們將這樣的抱怨當成習慣，那每天真的都要「氣死了」。因為壞情緒會傳染。當你說「氣死我」的時候，本是無心的話，但它就會暗示你產生氣惱、憤怒等消極情緒，讓你和周圍的人都陷入這種陰霾氣氛之中。

所以，遠離消極的口頭禪，不抱怨生活，不消極看待生活，你就會發現生活還是陽光明媚的時候多，沒有什麼真正值得自己生氣的事情。

據說，打哈欠會「傳染」，當一個人打哈欠，周圍的人紛紛跟著他一起打哈欠。心理學家史蒂文•普拉捷克解釋說：「因為我們喜歡將自己假想成他人。」當我們聽到別人不斷抱怨的時候，我們很容易產生移情，將自己假想成他，然後內心也開始抱怨，產生許多消極情緒。所以說，壞情緒會傳染。當我們聽到抱怨、生氣的時候，一定要冷靜地看待。

短劇《四個約克夏人》裡，四位嚴謹優雅的約克夏紳士坐在一起，品嘗著昂貴的紅酒。他們的對話起初是積極而正面的，然後就微妙地轉為消極而負面。隨著時間進展，他們開始以抱怨來互相較勁，最後一發不可收拾。

剛開始，有一個人表示，幾年前他能買得起一杯茶就算很好運了。第二個人想拚過第一個人，便說他喝得到一杯冰茶就算慶幸了。

抱怨的聲浪加速蔓延，他們的論調即將演變得荒唐可笑。每個人都試圖證明，自己過的才是最困苦的生活。其中有位紳士一度談到自己成長時所住的房子有多麼破爛。第二個約克夏人則轉動著眼珠子說道：「房子！有房子住還算好運呢！我們以前只住一個房間，一共有二十六個人。什麼傢俱都沒有，地板有一半不見了。我們怕掉下去，還擠成一團窩在角落裡。」

哀鳴和抱怨就這樣你來我往、持續不斷……

「噢！你真幸運，還有房間住呢，我們以前都住走廊！」

「喔，我們以前還夢想能住走廊裡！我們是住在垃圾場的舊水箱裡。每天早上醒來，都有一堆臭魚倒在我們身上。」

「呃，我說的『房子』只是地上的一個洞，用防水布蓋住。這對我們來說就算是房子了。」

「我們還從地上的洞裡被趕出來，只好住在湖裡。」

「你有湖算幸運了。我們有一百五十個人住在馬路中央的鞋櫃裡。」

最後，有一個角色在這場競賽裡勝出。他聲稱：「我得在晚上十點鐘起床，就是睡覺前半小時，然後喝一杯硫酸，在磨坊裡每天工作二十九個小時，還要付錢給磨坊老闆，請他准許我來上班。」

抱怨也會傳染。當你和一群人講話，而有人開始抱怨生活的時候，你就要注意了。如果你也受到這些消極的情緒影響，開始不斷發牢騷，開始埋怨，那你就可能是世界上最厲害的抱怨鬼了。不過，這可不是什麼值得驕傲的事。

事實上，抱怨對於改變我們的生活無濟於事，反而會讓事情變得更糟。當你開始抱怨「氣死我了」，當你開始指責別人的不是，你得到的只能是不愉快的人際關係。你的生活也會充斥著消極的情緒，以及對金錢和健康的焦慮等。這一切都讓人無法輕鬆起來。

所以，當你開始抱怨或者聽到牢騷的時候，你一定要很快地意識到這種狀況，立馬停止抱怨或者不要涉入別人的抱怨，不要把這些消極負面的情緒都套在自己的身上。

當大家開始抱怨時，抱怨就會開始傳染，但是一個優秀的人懂得遇到這樣的情況時，及時抽身，不被大家的言語所干擾。他站在抱怨之外，遠離了消極的牢騷，理智地看清了這個世界，然後積極去生活。

在競爭激烈、壓力倍增的現代生活中，我們要學會控制自己的情緒，不批評、不責備、不抱怨，冷靜看待周圍的壞情緒，不被它感染，及時調整心態，樂觀積極地生活吧！

只要換個想法，心情就會好起來

人生就像回力鏢，你給什麼，就得什麼。當你用消極失望的眼光看待生活，生活會變得令人悲觀。所以，用心另眼看待這個世界，積極主動地去對待人生，你就會發現沒有任何事情能左右我們的心情。

在生活的壓力和挫折之下，很多人變得失落悲觀，開始抱怨生活，埋怨命運。事實上，這些事情之所以讓我們難過，不是事情本身難以讓人接受，而是我們對這件事的看法傷害了自己。其實，只要換個想法，心情就會好起來，人也會變得樂觀開朗。

在一次與成功學家陳安之的對話節目中，有一位同學問他：「陳老師，為什麼天氣會影響我的心情？」

陳安之說：「其實不是天氣，而是你自己的心理因素在作怪。讓我給你們講一個真實的故事吧！我以前在美國演講時，有一個同事當天回到他住的地方，他說太棒了！我問他發生什麼事了？他說今天出車禍了。我說出車禍你高興什麼？他說幸虧只撞到車，沒有撞到人。我說那要撞到人怎麼辦？他說幸好只撞到人，沒有撞死人。我說如果撞死人怎麼辦？他說幸好只撞死一個，沒有整車的人都死。」

陳安之總結說：「要知道，在這個世界上再不好的事情也有其好的一面。關鍵是換個想法，你的心情就會好起來。這樣去想的話，天氣怎樣就不那麼重要了，自己的想法和看法才是關鍵。真正影響我們心情的只有我們自己。」

在日常生活中，如何使自己不受困於不好的情緒當中呢？換個想法，一切都會好的。腰圍越來越粗，表示我們吃得很好，營養豐富；拖地拖得腰酸背痛，那表示我有足夠大的房子住；回家爬樓梯氣喘吁吁，那表示我還能自己活動。快樂是一天，不快樂也是一天，為什麼我們不換個想法讓自己開心呢？

換個想法看問題，就能換一種心情看世界。要想把壞心情阻擋在外，我們就得每天給自己一個全新的面貌，學會超越昨天的自己，給今天的自己一個全新的表現。這樣我們才能更有自信，積極去看待生活中的不順利。

最近，林嵐進入了情緒的低潮。一件小事就會讓林嵐不安、緊張；別人的幾句話就讓林嵐心情好幾天不開心；孩子調皮也讓林嵐覺得心煩；老公幾句無心的話也會讓林嵐黯然神傷……

幾乎每件事情都會在林嵐的心中發酵，造成林嵐的壞心情，這不但影響了家人間的情感，而且還影響到自己的生活。林嵐也覺得很苦惱，對什麼事都提不起興趣，對任何事都失去信心。

林嵐向自己的閨蜜小雪傾訴自己的煩惱，尋求幫助。小雪說道：「你想擁有好心情，就得從原來的壞心情中開脫出來，從煩惱的死胡同走出來，轉換一個方向去看待問題。這樣你就能趕跑壞心情了。」

聽了朋友的一席話，林嵐試著去改變，把一些事換一種角度去看待、去感受，學會放下和割捨一些東西，轉換一種心境。每天起來，林嵐給自己化一個美美的妝，換一身亮麗顏色的衣服，心裡想著自己是一個快樂的女人，帶著兒子去公園玩，朋友一起出去逛街，慢慢地心情還真的變得比較輕鬆。

林嵐說：「現在學會換一種想法去看問題，發現這樣就是換了一種心情。調整了心態，自己有了新的心境，拋開了壞心情，也就讓自己擁有好心情。」

人在心情不好的時候，會不自覺把壞心情抱得更緊，撅著嘴，生悶氣，皺著眉頭，胡思亂想，結果心情更壞。所以，看待問題時，換一個想法，我們才能放下壞心情，拒絕它的折磨。

換個想法，駕馭自己的負面情緒，你就會開朗起來。有個人花了兩塊錢買一張彩票，卻中了百萬大獎。可惜的是，這百萬大獎卻在他回家的途中不幸被人劫走，可是他沒有生氣，沒有抱怨，只對自己說：「兩塊錢掉了，我會這麼傷心嗎？肯定不會。那百萬元也就是自己的兩塊錢，掉了就掉了，有什麼好傷心的？況且這些人只是搶了彩票，沒有傷害我，已經很幸運了。」然後，他若無其事地回家了。

想到心情不好就會使心情更不好，如果還是一直想，那就讓自己忙起來，讓自己沒有時間去煩惱，讓自己充實過好每一分鐘。每天醒了不要賴床，醒了就起來，推開窗，呼吸清晨的新鮮空氣，放鬆全身。把自己想像成一個快樂的人，你就會成為一個真正快樂的人。

與其詛咒黑暗，何不點亮光明

深陷在黑暗世界裡，是不可能快樂的，也不可能積極生活和工作。只有點亮心中希望的蠟燭，才能在黑暗裡找到自己的方向。

世間的諸多事情都會像黑夜必將會來臨一樣，是我們所不能控制的。但是，人生如朝露般短暫，若把時間耗費在抱怨命運不公、詛咒世界黑暗，那我們又怎麼有時間去創造精彩的人生呢？與其詛咒黑暗，何不讓自己成為心情的主宰者，點亮心中的蠟燭，戰勝黑暗，迎向光明的未來呢？

人在遭遇不公平待遇或苛刻對待之後，會產生很深的怨恨。然後，每次想起舊恨就會添增新愁；回想過去的傷痛就更不甘心，陷入新愁舊恨的惡性循環。其實，這就是人們心中的「黑暗」。

林江夫婦搬了新家。社區裡，每天晚上八點，人們就能聽到一男一女在彈吉他、唱歌。歌很好聽，而且吉他也彈得相當好。

一天晚上，吉他聲又響起了。林江就問妻子：「你說是什麼人在那裡彈唱？」妻子說：「當然是一對快樂的夫妻。」「為什麼他們這麼快樂呢？夜夜彈唱，竟然沒有一天憂愁。我們卻天天奔波勞苦。」妻子說：「他們肯定是春風得意了，不像我們每天被生活的壓力壓得喘不過氣來。」

於是，兩人開始猜測那對夫妻的職業、年齡以及他們的經濟狀況，覺得那對夫妻一定是生活富足，才有空閒在這裡唱歌。說著說著，林江的妻子歎了口氣說：「看看人家，多恩愛呀！我們一天到晚累個半死才掙這麼點薪水，真是不能比。」說著說著兩人都覺得心裡不平衡了。所聽到的吉他聲也不美妙了，倒成了一種故意炫耀和顯擺。

終於，在吉他聲又響起的時候，林江的妻子忍不住對丈夫說：「走，咱們去看看，叫他們不要唱了。」他們循聲而去。他們發現吉他的音樂聲是從社區外面一間破舊平房裡傳來的。門敞開著，他們看到的是一對身障人士。丈夫斷了右手，妻子斷了左手。彈吉他的時候，丈夫按弦，妻子撥弦，兩個人的獨手竟搭配得像一個人的左右手一樣。在他們的身邊是一堆拆開的電器。原來他們不過是一對以修理電器為業的身障夫婦！

林江的妻子慚愧的說：「我們被你們的歌聲吸引來的。難得你們這樣樂觀。」那位斷手的妻子用右手攏了攏頭髮，微笑著說：「我們斷了兩隻手，已經失去太多，不能再失去好心情了。再多怨恨和詛咒也無濟於事，不如好好生活。」

她的回答讓林江夫婦震撼了很久。從此以後，他們改變了對生活的態度，找回丟失多年的好心情，也成了快樂夫妻。

人生短暫，可是不如意事卻是十之八九，福樂少，痛苦多。但是人生路再崎嶇不平，重要的是，你要怎麼去過你的人生。

趙菲跟先生離異之後，開始陷入痛苦的漩渦。她痛恨自己被騙，現在孑然一身。她詛咒前夫和他的新妻，希望他們不得幸福。她每天哭泣，時而嚎啕大哭。她想脫離痛苦，但對歷歷往事揮之不去。

「我這麼痛苦，活不下去了。」她哭得令人鼻酸。

朋友小雨問：「你現在已經離開你前夫，不再受氣了，不是嗎？」

趙菲說：「可是我痛恨。他傷害我，侮辱我。我恨生活對我這麼殘忍。」

「你恨他，卻繼續折磨自己。你用傷害自己的方式來表現給他看，證明他把你折磨成這副模樣，用來告訴大家你的痛苦完全因他而起，是嗎？」

「都是他害我的。」

「可是他已經不可能再折磨你了。你那個惡夢般的婚姻已經結束了，不再受氣，再不會受到屈辱了。你現在要面對的是自己，你要高高興興地活給大家看。你把自己折磨得這麼憔悴，對你有什麼好處？你究竟想要什麼？」

經過小雨的開導，趙菲的情緒比以前穩定多了。後來，她漸漸地把自己的心力轉移到對未來的規劃上，願意為自己的新生活而努力。兩年後，趙菲已經完全走出過去的陰影，變得又有自信。

再次與小雨聊天的時候，趙菲說：「有一段時間，我很想擺脫過去的憤怒，但它總是襲上心頭令我傷心。於是我就不斷地抱怨、詛咒，可是沒有用。我覺得自己不能一直陷在這裡。我的前夫也許正歡歡喜喜地和新妻子玩樂呢！我告訴自己，一味抱怨過去只會讓我更難過，我不能把自己牢牢釘在過去的仇恨裡，我要活得自由，而且比過去任何時候都好。現在我才領悟到，要是執迷於怨恨和愁苦中，那麼我就沒有力氣創造現在全新的生活了。」

不管多麼卑微的生命，都有它存在的價值與意義，何況是萬物之靈的人類呢？與其詛咒命運的殘忍，不如點亮心中的希望之燭，驅散生命裡的黑暗和寒冬，實現自己的價值。人要活得好，必須拋下沉重的包袱，以樂觀開朗之心去迎接新人生。

放下執著和苛求，沒事別和自己較勁兒

執著是苦。放下對時間的執念，知道時間不可能停留，就不會在春天感歎春日短暫，而能安然欣賞春色之美；放下對感情的執念，知道感情不能強求，就不會為失去的感情而悲痛欲絕，能安心享受當下的愛情。放下執著和苛求，才能把自己從焦慮和痛苦中解脫出來。

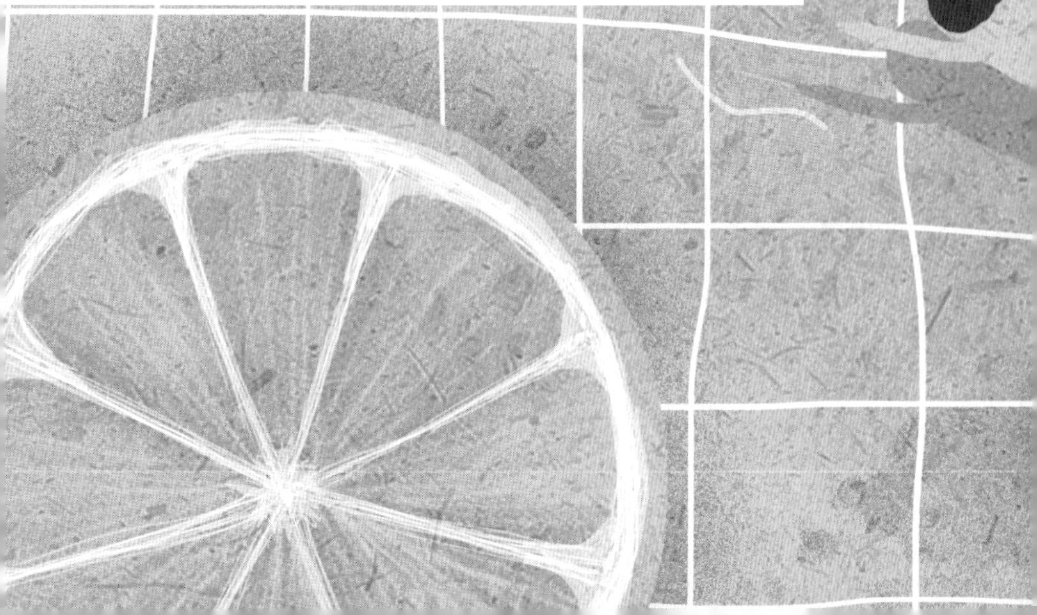

生活中，並不是努力就什麼都可以得到

放下執念，不必勉強和為難自己。心放開了，欲望減少了，心境自然也就平和了。這樣才能正視生活中的得失，接納自己，自再過生活。

你是否正在為求而不得的事物而煩惱？你是否在迷茫，不知道該不該繼續自己的追求？你是否還在氣憤自己已經失去的那些機會和財富？人生在世，有太多人執著於自己的所求，以至於讓自己不斷煩惱和憂愁。

生活並不是只要努力就什麼都可以得到的。佛家說：「人應該放下執著，執著是苦。」世間其實許多人都明白這個道理，但是又有幾個人能真的放下？理智認為的是一回事，可是當事情發生，感情就不受理智控制了。芸芸眾生無法看透和接受，所以會怨恨不平、會心有不甘、會執著，然後為之苦痛。

人生苦短，生命中總有無能為力的事情：離你而去的人、流逝的時間、倒向你的牆、沒有選擇的出身、莫名其妙的孤獨、無可救藥的喜歡、無可奈何的遺忘、永遠的過去、別人的嘲笑和不可避免的死亡。如果一個人用一生追求這些即便通過努力也不可能會得到的東西，那麼他的一生都是虛度。

李靜非常喜歡晶瑩透亮的東西，所以家裡的茶几、餐桌都非玻璃莫屬。可誰知道，就在昨天，她鍾愛的餐桌不但玻璃的桌面徹底和支撐它的桌腿分離，而且在丈夫王偉未來得及挽救就支離破碎了。

望著散落如碎銀的一地玻璃，李靜百思不得其解，何以原本完整如初的玻璃桌面，怎麼就瞬間破碎呢？

丈夫王偉小心翼翼將碎玻璃放入廢棄的紙箱，感慨良多，說道：「其實，越是貌似堅固的東西，一旦破裂，就會碎得完全沒了模樣。」

李靜不解，問「為什麼？」

王偉說：「因為超負，所以粉碎！其實，我們又何嘗不是如此？你想，每個人都有自己的欲望，執著於實現自己的欲望，追尋自己的夢想，努力工作，努力讓自己變得堅強、果斷甚至全能。面對生活的挑戰，自己撞得頭破血流。」

李靜默然，心想：「是啊。不是什麼都可以通過努力就得到的。總有些東西我們無法掌控。人不能太執著，只要問心無愧就好，順其自然。否則，最後苦的是自己。」

人生的執著能夠讓我們收穫美麗的結果。但是欲望過多，執著在錯誤的方向，未必會有好結果。懂得適時放下執著，才能讓我們放下包袱、輕裝上路，安然度過人生的風雨。

和所有人一樣，很多時候，我們也會覺得自己無能為力，放下執著，也許我們從無力感中解脫出來。

王子瀟第一眼見到新同事雲婷婷，就按捺不住內心的狂喜。雲婷婷對這個友善的同事也表示了善意，經常詢問一些問題，偶爾也開開玩笑。這下子，王子瀟就更加認定婷婷也喜歡自己。於是，他發動了猛烈的愛情攻勢。

雲婷婷聽到王子瀟的告白，才明白是產生誤會了，趕忙解釋自己已經有男朋友，很快就要結婚了；和王子瀟處得好，那是因為王子瀟經常幫助自己，自己也很感激。

但這絲毫沒有讓王子瀟退縮。他反而認為雲婷婷是在考驗自己。於是，他對婷婷窮追不捨，並大造輿論說他們是戀人。這讓婷婷從一開始的哭笑不得，到後來對他簡直煩透了，對他不理不睬。

這下子，王子瀟覺得是婷婷的男友陳哲不讓婷婷和自己在一起。結果他跑到陳哲那裡，要和他打架。幸好，雲婷婷及時趕過去，向陳哲解釋清楚，才沒有打起來。

雲婷婷被王子瀟逼得沒有辦法，就和陳哲商量，趕緊結婚，斷了王子瀟的念想。王子瀟聽說之後，尋死覓活的，揚言雲婷婷不和自己好，就要自殺。

雲婷婷無奈，只好請求王子瀟的父親和王子瀟懇談。王父看到頹廢的兒子，勸解道：「你愛她，必然是想讓她獲得幸福，是嗎？可是她的幸福只有陳哲才能給。你既然要她幸福，就該放下執著，讓她走。想當年，我也是抱著這樣的想法和你媽媽離婚的。感情的事情不能勉強，強摘的瓜也不會甜。放下這段感情，你以後一定會遇見互相喜歡的人，找到屬於自己的幸福。」

聽到這裡，想到父母婚後爭吵不休，以及他們離婚之後的解脫，王子瀟終於下定決心，放下這段感情，祝福雲婷婷。

執著於不屬於自己的，再怎麼努力也得不到，不如放下執念，以平常心來對待。

生活中，總有一些事情我們無能無力。例如，當你知道死亡是人不可避免的終結，就不必幻想什麼長生不死，好好把握現在，過好自己的每一天。接受無力改變的事實，就不會強迫自己去承擔求而不得的痛苦了。

所以，心情放鬆一些，心境也就能平和許多，可以發現世界的美好，迎來更好的生活。

遇事不鑽牛角尖，世間沒有絕對的對與錯

標準答案往往也可能是不正確的，真理向前走一步還有可能是謬誤。

世間沒有絕對的對與錯。我們遇事不要鑽牛角尖，要是能站在他人的立場去看待問題，就會有新的認知，就能更妥善、全面地處理事情。

我們常常因為一點小事吵架，公說公有理，婆說婆有理，總想辯論出個對與錯。爭到面紅目赤、雞犬不寧，即便反目成仇也不一定能辯出個結果。所以說，這世上哪有絕對的對與錯。立場不同，對與錯的認知就不同。

生活中，我們常把達到目的的行為稱為對，反之則為錯，但在達到目的之前所做的一切，我們怎麼知道是對是錯?同一件事，可以從這個角度看，也可以從截然不同的反面去看，得出來的結論自然是各不相同。

愛迪生發明鎳鐵電池時，和他的助手們夜以繼日地做實驗。一年一年過去了，苦戰了三年，愛迪生試用了幾千種材料，做了四萬多次的實驗，依然沒有什麼收穫。這時，一些冷言冷語也向他襲來。愛迪生並不理會，他對自己的研究充滿信心。

有一次，一位不懷好意的記者向他問道：「請問偉大的發明家愛迪生，您花了三年時間，做了四萬多次實驗，有什麼收穫嗎？」

愛迪生笑了笑說：「我們已經知道有好幾千種材料不能用來做蓄電池。」

看待任何事情，我們都應儘量從不同的角度去分析，或許心境會開闊很多，甚至會有驚喜。放下執著，學會變通，才能更清楚地看清世界，恰當地處理問題。

我們常說，愛情裡沒有誰對誰錯，只有愛與不愛。在愛的世界裡沒有所謂的好與壞。愛鑽牛角尖兒的人習慣於將自己的不滿和委屈擴大，其實有什麼心裡話全部說出來，才能化解積怨，才能站在對方的立場上將心比心，相互理解，相互鼓勵。

所以，執著於對錯，苛求別人按照你認為對的方向走，在別人看來，何嘗不是一種錯呢？遇事不要鑽牛角尖，要學著放下，學會看開。特別是在逆境坎坷中，每當壞情緒要爆發時，我們就要提醒自己，別生氣。生氣是既傷自己，又傷別人，到頭來於事無補。人在極痛苦時，可以在親人或摯友面前傾訴苦衷，甚至痛哭一場，但是凡事不能鑽牛角尖兒。

一個雨天的下午，王明在家裡和朋友聊天。因為朋友失戀心情煩躁，進門的時候連鞋都沒有脫掉。地板被弄得髒兮兮。後來，家裡的貓兒大概是見了陌生人被嚇到了，不停地鬧，結果把煙灰缸打翻，煙灰潑了一地。朋友剛走，妻子肖靜回來了，進門看到家裡這個樣子，不停地數落：「就你髒，進門鞋子也不換，叫你少抽煙，你看，你看……」

「弄那麼髒，你自己收拾吧！我又不是你家請來的保姆。」肖靜今天在公司受了氣，回家後更生氣。這邊王明什麼都沒有說，笑了笑，一會兒就收拾完畢了，還說：「好了，好了，是我不好，這不都收拾好了，餓了吧？我來燒飯。」一邊說一邊去廚房。晚上一家人甜蜜幸福地吃晚飯。

幾天後，王明的朋友又回來致謝，肖靜這才知道原來地板不是老公弄髒的，煙也不是他抽的，是自己誤會了。於是晚上，肖靜向老公道歉：「那天我發脾氣數落你，你受委屈了吧！對不起，是我錯了。可是你當時怎麼不解釋呢？」「呵呵，解釋什麼，事情不都過去了。再說當時我如果解釋你聽得進去嗎？我們兩個爭吵的話，地板還是髒的，煙灰還是沒人收拾，不是嗎？」

換個想法，放下對與錯，能讓我們少一些鬱悶，多一些開心；少些煩惱，多一些幸福。遇事不鑽牛角尖兒，人也舒坦，心也舒坦。

變通，是走出人生困境的錦囊妙計

執著讓我們事業得意、工作平順，可是我們不得不承認，執著也讓我們頭破血流。

常言說得好：「窮則變，變則通，通則久。」當人生遇到困境，被告知「此路不通」或無路可走時，我們怎麼辦呢？是直面撞過去、原地等待，還是轉身換另一條路？其實，生活不是一成不變的，當我們陷入困境時，應該學著變通，不鑽牛角尖兒，不能一條路走到底，應該眼觀四面，耳聽八方，前方路不通，就轉個方向另尋別條路走吧！

一隻螞蟻想往玻璃牆上爬，但一次次嘗試的結果都掉了下來，但牠依然執著地想爬上玻璃牆。有人看到之後感慨地說：「多偉大的螞蟻，毫不妥協，堅持向前行。」也有人看到之後發出嘆息：「好可憐的螞蟻，太盲目了，假如牠學會變通，走別條路的話，也許很快就能到達目的地。」

變通就是智慧。如果把困難比做一輛難搞的飛機，那變通就是最好的潤滑劑。運用變通之術，積極拓展新的思維，就能衝破困境。看似無解的問題，只要用心去尋找變通的方法，必定能找到突破口。因此，凡事必有方法可以解決，而且能解決得很完美。

拉菲爾・杜德拉在委內瑞拉的首都擁有一家很小的玻璃製造公司，可是，他一心想躋身於石油界。

有一天，杜德拉聽說阿根廷打算從國際市場上採購價值二千萬美元的丁烷氣。他認為躋身於石油界的良機已到，於是立即前往阿根廷，想爭取到這筆合約。

到了阿根廷，杜德拉才知道，英國石油公司和殼牌石油公司兩個老牌大企業都有意爭取這個訂單。這是兩家非常難對付的競爭對手，這筆生意難度很大，但杜德拉並沒有就此罷休。

不久，杜德拉了解到阿根廷的牛肉過剩，急於找門路出口外銷。他靈機一動，認為這正是給他提供了與英國石油公司及殼牌公司同等競爭的機會。於是，杜德拉去找阿根廷政府，承諾道：「如果你們向我買二千萬美元的丁烷氣，我便買你們二千萬美元的牛肉。」當時，阿根廷政府想趕緊把牛肉推銷出去，便決定將購買丁烷氣的生意合約給了杜德拉。

爭取到丁烷氣的合約之後，杜德拉隨即飛往西班牙。當時西班牙有一家大船廠，缺少訂貨而瀕臨倒閉。西班牙政府對這家船廠的命運十分關切，想挽救這家船廠。這一則消息對杜德拉來說，又是一個可以把握的好機會。他與西班牙政府商談時，說：「假如你們向我買二千萬美元的牛肉，我便向你們的船廠訂制一艘價值二千萬美元的超級油輪。」西班牙政府官員對此求之不得，隨即拍板成交，將杜德拉所訂購的二千萬美元的牛肉，直接運到西班牙。

把二千萬美元的牛肉轉銷出去之後，杜德拉繼續尋找丁烷氣。杜德拉到美國費城，找到了太陽石油公司說：「如果你們能出二千萬美元租用我這艘油輪，我就向你們購買二千萬美元的丁烷氣。」太陽石油公司接受了杜德拉的建議。從此，杜德拉打進了石油業，經由不斷行銷，他終於成為委內瑞拉的石油界鉅子。

凡事必有方法解決；再頑固的荊棘，也會被變通之法拔起。一個成功的人必是一個懂得尋找方法的人。善於變通，就能審時度勢，適時突破。在變化中迅速拿出新的應對方案，可以根據不同的困難，採取不同的方法，最終克服困難。對於善於變通的人來說，世界上不存在困難，只是暫時還沒想到方法而已。

佛家有云：「人，要從愚癡迷夢中覺醒，才能認識生命的真諦。」過分執著就如同陷在「愚癡迷夢」裡。懂得適時放下執著，放棄堅持，學會變通，這樣我們才不會盲目，才能更容易到達目的地。

沒有一艘船可以永不調整航向

這世上從沒有一艘船可以永不調整航向，我們的人生也一樣需要適時地轉彎，需要根據自己的現狀，目標改變自己的人生軌跡，有時候甚至要改變目標。

數學常識指出：兩點之間，直線是最短。所以，很多人設定目標之後，就堅持沿著直線向目標前進，以期在最短的時間抵達成功的彼岸。但是，任何事物的發展都不是直線，必定會有直中之曲和曲中之直。聰明的人懂得把握事物迂迴發展的規律，調整應變，以達到既定的目標。

在廣大的海洋航行，舵手時不時地會調整航向。因為海面上即將到來的暴風雨，海下潛伏著大大小小的暗礁，甚至有時是為了躲避海盜船，我們不得不適時轉舵。這世上沒有一艘船可以永不調整航向，那我們的人生也一樣需要適時調整，根據自己的現狀及需求，改變自己的人生軌跡，有時候甚至要改變目標及方向。

彼得・詹寧斯（Peter Jennings）曾是美國ABC晚間新聞當紅主播。在當了三年主播後，他毅然決定辭去人人豔羨的職位，到新聞第一線去磨煉，做起記者的工作。

彼得・詹寧斯連大學都沒有畢業，雖然成了主播，但是在這個變動較大的行業裡沒有競爭力，而且離最棒的主播還有一定的差距。於是，他決定到新聞第一線去，用工作和事業教育自己，磨礪自己，完善自己。

彼得・唐寧斯在美國國內報導了許多不同路線的新聞，並且成為美國電視網第一個常駐中東的特派員，後來他搬到倫敦，成為歐洲地區的特派員。經過這些歷練後，彼得・唐寧斯重又回到ABC主播台的位置。此時，他已由一個初出茅廬的年輕小夥子成長為一名成熟穩健而又受歡迎的記者，並且更加勝任自己的工作。

生活不是一成不變的，人不能一輩子只用一種處理事情的方式去工作、生活。就好像一頭鹿一直想往前跑，可在牠前方是懸崖。如果牠看到了還不知道改變方向，仍舊向前跑，那最後的結果可想而知。不懂得變通的人必定在社會上處處碰壁。所以，我們要學會適時改變自己的方向，變換自己的步伐，調整自己的策略。

有一位叫張文舉的農民，從小立志要當作家。為此，張文舉十年如一日，堅持每天寫作，然後滿懷希望將一篇篇幾經修改的文章寄往大都市的報社和雜誌社。可是，好幾年過去了，他的文章從未刊登出來，甚至連一封退稿信也沒有收到過。

在二十九歲那年，張文舉終於收到了第一封退稿信。那是一位他多年來一直堅持投稿的雜誌社總編寄來的。總編寫道：「看得出來，你是一個很努力的青年。但我不得不遺憾地告訴你，你的知識面過於狹窄，生活經歷也顯得相對單調。所以，我們一直沒有選擇刊出你的文章。但我從你多年的來稿中卻發現，你的鋼筆字寫得越來越出色了。」

張文舉聞言，考慮再三，最終決定放棄寫作，轉而專心練起書法。現在，張文舉已經是我中有名的硬筆書法家了。

想要成功，必須懂得變通，不能故步自封，一成不變。就像一艘航行在大海上的船隻，如果想要行駛到達目的地，必須懂得見風轉舵一樣。人生不必執著，既然前路不通，那就為生活轉個彎吧！

大作家池田曾說：「權宜變通是成功的祕訣，一成不變則是失敗的夥伴。」的確，食古不化、固執己見只會讓自己離成功的目標越來越遠。想要早點成功，最重要的是，我們必須在該轉彎和變通的時候放下執著，調整方向，改變策略。

不根據自己的需要隨時調整航向的船，只會被風暴捲入失敗的深淵。我們必須時時刻刻提醒自己，用敏銳的觀察力與柔軟的心去面對世界。當我們的生活或工作陷入困境時，不妨學著改變策略，調整方向。如此一來，我們就能找到突破的方法，也更容易獲得成功。

無意義的堅持會讓你走更多冤枉路

無意義的堅持只會讓你走更多彎路。所以，堅持的方向和尺度值得我們思考。適時地放下無意義的堅持，改變一下方向，也許就會峰迴路轉，柳暗花明。

「加油，努力，堅持下去就會勝利……」我們常常這樣鼓舞自己和激勵別人。是的，我們需要堅持不懈的精神，需要勇往直前的毅力。堅持的境界每個人都應該有。但是，我們可曾思考過這樣的問題：難道堅持就一定能勝利嗎？

其實不然，並不是任何一種意義上的堅持都可以取得勝利的。無意義的堅持只會讓你走更多冤枉路。所以，堅持的方向和尺度值得我們思考。適時放下無意義的堅持，調整一下方向，也許才會峰迴路轉，柳暗花明。

紋秋在師範畢業之後沒多久就結婚了。起初，她和丈夫的生活過得很甜蜜。然而，像所有的悲劇婚姻一樣，丈夫有外遇。丈夫提出離婚，紋秋不肯。於是，紋秋與丈夫開始了一場曠日廢時的拉鋸戰。雖然所有家人，包括紋秋丈夫的家人都站在紋秋這邊，但丈夫還是鐵了心要離婚。

紋秋對自己的閨蜜王萌說：「堅持就是勝利。不管怎樣，也不能拱手讓出自己的男人，輕易認輸。」

王萌忍不住問紋秋：「堅持就一定能勝利嗎？這樣辛苦的堅持，即使真的勝利了，又能得到什麼樣的戰利品嗎？不過是一個兩敗俱傷的破碎婚姻。」很難想像，經歷了這樣的變故，紋秋和丈夫之間還會有什麼樣的感情存在。

紋秋沉默了一會，說：「我就是不甘心！」

王萌沉思片刻，說道：「我幫你分析分析吧！不甘心的結果，勢必就會有一番糾纏，爭來吵去，最後還是有一方落敗。誰輸呢？通常不會是第三者。遇到這種事情，一百個女人當中，九十九個女人都會這樣想，『我就是不成全你們，只要我不離婚，看你們兩個能怎麼樣？』這樣的堅持其實是沒

有意義的。你拖得愈久，反而愈成全他們。本來他們也許只是一段露水姻緣，當你拖得越久，反而有助於他們在這段時間建立一份患難與共的真情。拖，是最不划算的。在這段時期，你同時也備受煎熬。看開一些。不是所有的堅持都能勝利。學會對愛情放手，也就了斷所有的傷痛了。」

紋秋不語，沉默許久，說：「我再想想。」

為物所累，將成為一生的羈絆。堅持也是一種負累。佛家認為，堅持是我執，放下堅持，就是放下了對自我的執著。

的確，有些堅持沒有意義，也毫無結果。所以，有時候放棄比堅持更重要。我們不能一味堅持，要適時放棄，這樣才能避免走彎路，甚至更快到達勝利的彼岸。

有人認為堅持是成功的必要工具之一，可是堅持不等於成功。李開復早年就讀於法學院，後來他發現自己不喜歡法學，於是毅然決定放棄，轉而學習從高中就很喜歡的電腦專科，最終在這個領域取得了很好的成績。從這個角度來說，放棄也是成功的必要工具。所以，我們要成功，既要勇於堅持，更要勇於放棄無謂的堅持。

欣賞別人，而不是挑剔別人

總以自己的標準去要求別人，看別人總是看缺點，看不到別人的優點，就會越看越不順眼，和別人的距離也會越拉越大，最終導致人際關係緊張。

每個人都有自己的長處和短處。正確欣賞別人就會使平凡變得優秀，使消沉變得進取，使自滿變得謙遜。培根也說過：「欣賞者心中有朝霞、露珠和常年盛開的花朵。漠視者冰結心城，四海枯竭，叢山荒蕪。」學會欣賞別人，心中才會鮮花盛放，終年不敗。

蘇軾有一回與佛印禪師一起打坐。後來，蘇軾對佛印開玩笑說：「我在打坐時，用我的天眼看到大師是一團牛糞。」佛印說：「我在打坐時，用我的法眼看到你是如來。」

蘇軾回家後，得意洋洋地把這件事告訴了蘇小妹。蘇小妹說：「哥哥，這回你輸得太慘了。你難道不知道修行時一切外在事物都是內心的投射嗎？你的內心是一團牛糞，所以你看到別人也是牛糞。人家內心是如來，看到你自然也是如來。」

生活中，我們總是很習慣去跟別人比較，然後挑剔別人的不足之處，這說明我們在欣賞別人這件事情上很吝嗇。

欣賞別人有什麼不好呢？一個眼神、一個微笑都可以表示你對他人的欣賞。別人會從你的欣賞裡得到對自我的肯定，得到了鼓勵、信心和力量。在你欣賞別人，真誠讚美別人的時候，對方也會喜歡你、認同你、欣賞你。

古話說：「汝愛人，人恒愛之。」同理，當你用欣賞的眼光看別人時，別人也會向你投來欣賞的眼光；當你用鄙視的眼光看別人時，別人也會向你投來鄙視的眼光。

學會欣賞別人很難嗎？其實並不困難。只要我們以一顆真誠的心去看待別人，善於發現別人的長處，別人進步時真心為他們喝彩，別人超過自己時，不眼紅、不嫉妒，這樣就能消除隔閡，最終達到互相欣賞，融洽人際關係，愉悅彼此的心靈。

作家林清玄當記者時，曾報導過一個小偷。這個小偷作案手法非常細膩，作案上千。文章的最後，他情不自禁感歎：「像心思如此細密、手法那麼靈巧、風格這樣獨特的小偷，他若是做任何一行都會有成就吧！」

林清玄不曾想到，他二十年前無心寫下的這幾句話，竟影響了一個年輕人的一生。如今，當年的小偷已經是臺灣幾家羊肉爐店的大老闆了！在一次邂逅中，這位老闆誠摯地對林清玄說：「林先生寫的那篇採訪稿，打破了我生活的盲點，令我思考，為什麼除了做小偷，我沒有想過做正當的事呢？從此，我脫胎換骨，發誓重新做人。」

往往以自我為中心的人，不會去讚賞別人，更不會由衷地為別人的成就而開心。善於理智欣賞別人的人必定是一個心胸寬廣、不會嫉妒別人的人。

房玄齡和杜如晦都是唐太宗貞觀時期的宰相。房玄齡善謀略，杜如晦善決斷。他們不計功利，兩人相互敬重、相互欣賞，成為貞觀朝的最佳合作夥伴。可見，欣賞是超然於功利之上的氣度和胸襟。有了這樣的氣度和胸襟，你就會從欣賞別人之中得到意想不到的效果。

在生活中，每個人都渴望得到別人的欣賞，同樣，每個人也應該學會去欣賞別人。那麼，如何學會欣賞別人呢？不要吝嗇你對別人的讚美。當別人有了成績，取得成功，給他一個微笑，為他鼓掌，說一句恭喜，都會給對方帶來歡樂。另外，欣賞別人，一定要發自內心，出於真誠，與人為善就是與自己為善。這樣才能用平和的心態去發掘別人的閃光點。

看看我們身邊的人，或許他們身上存在著各種不足之處。但是，認真觀察，你會發現他們面對人生，認認真真的過生活，努力勤奮地工作，真誠友善地幫助別人。這些人也值得我們欣賞。用心欣賞，你會發現生活中到處都是美好。

努力而不強求，看淡而不擺爛

生活需要衝，更需要緩衝。所以偶爾停止讓自己一直努力，給自己留一點空間去放鬆一下也不錯。

人人都想用一百分的努力換一百分的成績，所以一直讓自己努力不懈。其實何必這麼累呢？俗語說：「人活八分飽，花開九成豔。」不必每件事都做到滿分，盡百分之八十的力氣就好了，剩下百分之二十的力氣權就當作是養精蓄銳的本錢。

李泉在南京一所大學任教，一週只有兩個半天有課，其餘的時間可以坐辦公室，也可以去學校在遠郊的校地，說是為工作，實際上也沒什麼特別的事情，就過去看看、轉轉而已。

最讓朋友們羨慕的是他每年有兩個假期。大學的假期時間本來就比較長，學校即便有事，也是開始放假的一週之內可以搞定，比如臨時接到通知說要考個什麼資格證，也不過占用半天的時間。

李泉是個活得非常明白的人，他說：「凡事不要想太多，想太多了不切實際。人生苦短，平時跟朋友吃吃飯，喝點小酒，及時享受每一刻就好了。」有多餘的時間，他寧願拿來享受生活。他說：「錢是賺不完的，差不多夠用就行了。」

三十八歲的網易代理首席執行官孫德棣「過勞死」，不禁令人頓生感慨。由於長期超負荷工作，致使這樣年輕的生命過早凋零，也許他在倒下的瞬間才明白：人生一世，健康才是最大的財富，現金再多，也難保性命。所以，適時放棄，對待生活保持平和的心態，留下一點空間給自己養精蓄銳，這樣才能在工作的同時，也能認真享受自己的生活。

我們常說人生苦短，所以，以生命健康為代價去工作，是極不明智的。為將來著想，為長遠考慮，我們何不早點放棄追求過多的財富、爭奪虛名、角逐權力呢？人生多憾事，世事無圓滿。但放棄不是無奈的選擇，適時放棄也是一種智慧，可以讓我們放下身上的包袱，以豁達明智之心，獲得嶄新的生活。

有些人不願放棄是因為不能正確地認識自己，認識客觀事物或不能審時度勢。放緩人生的步調，適時放棄那些如浮雲一樣的追求，這不是無可奈何的退卻策略，而是對客觀現狀的縝密分析，是沉著冷靜的體現。適時的放下或許才是走向成功的選擇。

放下執著的追求，放緩人生的步調，會讓你更清醒審視自身內在的潛力和身處的環境，會讓你疲憊的身心得到調整，這樣有助於你開始新的追求，真正成為一個快樂明智的人。弄清楚人生的主線，剩下的事情就是按照自己的意願去生活和保持工作狀態了。

李雲兩年前從公司辭職，告別了朝九晚五的上班族生活。辭職後，她專門做網路銷售，銷售自己從韓國批貨買回來的韓流服裝。

李雲她自己就是「哈韓一族」，也希望自己買回來的貨色能夠跟喜歡的人一起分享；而且網路開店，可以不必太理會風險的大小、生意的好壞，只做自己喜歡做的事情。所以，李雲很用心經營她的網購店。所有的服裝產品照片都是自己親自拍攝的，她拍得漂漂亮亮地放在網路上的櫥窗展示給大家看。她的心態很好，想著：「能賺錢最好，不賺錢也看得很開。」

然而越是不在乎的人，往往越能有這種好運氣。很神奇的，李雲的網購店經過這一、兩年的精心打理，每個月的營業額都有好幾萬元，時間上還更自由。

學會放棄執著，學著放緩生活，會讓我們更清楚認識自己，發現自己，擺脫煩惱，讓疲憊的身心得到調整。這樣，把工作和生活保持在一個合理的維度上，讓工作和生活的搭配更和諧，才可以使我們的生活和工作都成為享受，都成為人生幸福的泉源。

不完美才是常態，允許偶爾對自己失望

一味地追求自己心中所謂的「理想主義」，會很容易忽略現實生活中那些本屬於自己的美好事物。

面對現實的殘酷，我們在自己的心中建構了屬於自己的完美世界。所以說，月滿則虧，水滿則溢，過分追求「理想主義」，只會讓我們遠離完美，活得更累。

抱持「理想主義」的人，相對比較敏感，常常不能體會他人的心情，只是憑個人的好惡感或價值觀來判斷事情的好壞，並希望別人也能與自己有相同的角度或標準來處理問題。

有個好萊塢的歌王決定暫時退出歌壇。在他接受媒體採訪時說：「當我年輕的時候，覺得自己就像要參加賽跑的馬，帶著眼罩拚命往前跑，除了終點的白線之外，什麼都看不見。我以為這樣才能集中心力完成自己的理想，不給人生留下遺憾。

「於是，我繼續往前奔跑。一年年過去了，我有了地位，也有了名譽和財富，還有一個幸福的家庭。雖然在追求理想的路上遭受到諸多波折，但是我還是期待更加完美。於是，我努力向前。可是漸漸的，我的家庭缺少了歡笑，我並不像別人那樣快樂。我不明白我做錯了什麼？」

這位名歌王繼續說：「有一次，我隨著一個歌舞團到城外表演。表演很成功，我們都很高興。這時候有人給我打了一通電話，因為我的第四個孩子出生了。

「突然，我覺得很難過。每一個孩子出生時，我都不在家。我的妻子獨自承擔生育孩子的辛苦。我追求自己的理想主義，一味地認為這也是他們要的。結果，我從來沒看過孩子們走第一步的樣子。他們的生活，我只能從妻子那裡知道。

「我頓時發現了自己人生的遺憾，可是這個遺憾卻讓我有了新的期待。我開始反省自己，發現自己在各方面，因為抱持著『理想主義』而忽略了其他人的心情。我憑藉自己的想法判定事情，結果妻子也不如婚前那麼開朗，我和朋友也疏遠了。

「現在，我要回歸到自然狀態，好好去經營我的家庭和生活，和我的孩子們一起度過耶誕節，和朋友一起打球，和妻子一起旅遊，把這些遺憾都彌補過來，也讓我的家庭和自己再次擁有幸福。」

凡事盡力而為，才能輕鬆自在生活。若是留下一些遺憾，那也不必難過。這證明你還有提升的空間，還有繼續發展的潛能。

路遙曾說：「所有的歷史長河中，我們都是一個小小段落。因此，每一代人都有自己命中註定的遺憾。」可見，遺憾的確是不可避免的，而我們的人生也從來沒有完美，況且倘若每件事都那麼完美，沒有遺憾，那就不會有希望，更沒有努力奮鬥的必要了。

並不是所有的播種都意味著收穫，但我們仍應該積極去奮鬥。正是因為我們有遺憾，生活才有色彩。正因為有了雨天，才有了雨後的彩虹。遺憾就是這樣為我們帶來希望，有遺憾才有期待，有新的可能。

順其自然，該得到的也總會得到的。人生原本就是有遺憾的，生活原本是有不足之處的，事情原本是要有不完美的。如果這樣想，就能放下完美，放棄「理想主義」，平和看待生活中的大小事了。

國家圖書館出版品預行編目資料

沒有甜橘子，那就來顆酸檸檬加糖吧／張笑恆編著．——初版——新北市：晶冠出版有限公司，2021.07
面；公分．——（智慧菁典系列；22）

ISBN 978-986-06586-2-0（平裝）

1.人生哲學 2.生活指導

191.9 110009579

智慧菁典 22

沒有甜橘子，那就來顆酸檸檬加糖吧

作　　者　張笑恆
行政總編　方柏霖
副總編輯　林美玲
校　　對　謝函芳
封面設計　王心怡
出版發行　晶冠出版有限公司
電　　話　02-7731-5558
傳　　真　02-2245-1479
E-mail　ace.reading@gmail.com
部 落 格　http://acereading.pixnet.net/blog
總 代 理　旭昇圖書有限公司
電　　話　02-2245-1480（代表號）
傳　　真　02-2245-1479
郵政劃撥　12935041 旭昇圖書有限公司
地　　址　新北市中和區中山路二段352號2樓
E-mail　s1686688@ms31.hinet.net
旭昇悅讀網　http://ubooks.tw/
印　　製　福霖印刷有限公司
定　　價　新台幣360元
出版日期　2021年08月 初版一刷
ISBN-13　978-986-06586-2-0

※本書為改版書，
原書名為《給不了就放手，得不到就轉頭》。